抱願，不抱怨

釋果東 著

推薦序——蔣勳

合掌恭敬

聖嚴法師未圓寂前，去法鼓山，都會見到果東師父。他總是忙著很多事務性的工作，安排茶水，接待賓客，很少有機會聽到他談佛法義理。

尤其是在舊曆除夕夜晚，法鼓山有跨年祈願敲鐘儀式。上山信眾，成千上萬，貴賓的車輛也特別多。法鼓山這一晚，僧團的忙碌可以想見，光是安排車輛停放就煞費苦心。

絡繹不絕的信眾，多不撐傘，安靜而有秩序，在微雨寒冷的夜晚，朝山上行，是特別讓我記憶深刻的畫面。

聖嚴法師在儀式中接待招呼貴賓，果東師父一樣忙碌於倒茶添水，總是在人眾後面忙於各種事，仍然很少講話，因此我與果東師父的緣分似乎止於寒暄打招呼，也許就是很簡短的一句：「喝茶。」

禪宗寺廟山門入口有知客寮，是接待賓客信眾的地方，常懸有一匾，匾上三個大字：「喫茶去」。

禪宗公案總以生活爲主，弟子問「佛法大意」，師父常常回答「喫茶去」。弟子追問：「何謂佛法大意？」師父也還是問：「吃飯了嗎？」弟子說：「吃了。」師父就說：「去洗碗吧。」

我大學時喜愛《六祖壇經》，六祖惠能一偈，大家都熟：「菩提本無樹，明鏡亦非臺，本來無一物，何處惹塵埃。」年輕熱愛文藝，覺得六祖聰慧靈透。

匆匆四十年，看過許多南宗繪畫裡六祖圖像，都是在地上劈柴，也才恍然，一字不識的六祖，是廚房火頭師父出身，寺廟僧眾近萬人，劈柴、洗米、煮飯、掃地，六祖的「佛法大意」大概也是從生活中如此踏實平凡事做起吧。

在日本高野山大寺廟中看到香積廚灶，要供養上千僧眾，大鐵鍋口比大圓桌還大，炒菜師父用麻繩吊起，在半空中用大鐵鏟炒菜。知道當年六祖修行，是從這樣的工夫練起。

民間喜愛的寒山、拾得二師父，畫裡也總是手持掃帚掃地，做好腳跟下大事，沒有大話。

知識的迷戀，文學藝術的迷戀，可能忽略生活周邊的大小事，是我修行得不夠徹底吧。

因此對六祖的劈柴洗米，沒有多言大話，知道要合掌恭敬。

一直記得果東師父簡短的「喝茶」，也要合掌恭敬。

二〇一二年八月二十二日於溫哥華

自序

釋果東

人生每個階段都是契機。三十八歲那年，我在聖嚴師父座下出家，對我而言，一切因緣和合，非常感恩。從早期農禪寺到日後法鼓山園區的建設，師父一向教導我們「終身學習，終身奉獻。」而師父念茲在茲：「佛法這麼好，知道的人卻那麼少。」所生起實踐與分享的那種心切，也在我心中逐日加深。

出家以前，我的個性，隱隱然對於「和合」有種深切盼望，尤其對於人與人相處，總希望一切和合。遇到不順心的事，我不會與人衝突，只是心裡會嘀咕：「怎麼會這樣？」若見他人相處不和諧，起了爭執，也會罣礙。現在回想起來，那種罣礙，是種不忍，總盼望能有因緣化解，或自己有能力協助排解。

跟隨師父學佛以後才明白，起了煩惱罣礙，除了因智慧不夠，也由於慈悲不足。因為讓自己起煩惱，就是沒有智慧，讓他人起煩惱，則是不慈悲。師父也說，消解煩惱，最好的方法就是奉獻利他，如果遇到不會或是不懂的，就去學習請益。因此，出家至今近二十年，我在法鼓山教團的成長，大抵做的就是這兩件事：學習與奉獻。

我是個很平凡的出家人，從住進僧團以後，都是過著入眾、隨眾、依眾、靠眾的出家團體生活。二〇〇六年九月，接位法鼓山第二任方丈，對我來講是個意外。聖嚴師父於僧團大會宣布方丈人選的當下，我的第一個反應，是在心中默念觀世音菩薩。接著第二個念頭，馬上回到師父的教導：師父一向勉勵出家弟子，對於任何執事，均應心懷感恩。「感恩師父與僧團給我機會，讓我學習與奉獻。」抱持這一心念，從接位方丈至今，不曾改變。

有人問我：「擔任方丈，如何面對各種挑戰？」我說，我從不用「挑戰」的角度來看待事情，只是想著如何學習與奉獻，事情來了就面對，珍惜每個讓我修福修慧的因緣。對我來講，遇到問題，不是挑戰，而是修福修慧的歷程。

也有人問我：「接位方丈，應該負擔很重，壓力很大吧？」我也不認爲這是負擔，而是一種承擔。師父及僧團所賦予的執事，我所要做的，就是盡心盡力扮演好這個角色，凡事感恩。我有個心得，只要感恩，就能生起正面的能量。

現在，我也常用這句話與大眾共勉。

只要承擔，便能夠承續師父的悲願。悲願即菩提心。記得在第二任方丈接位大典中，師父曾特別勉勵：所謂「接位」，最重要的是擔負起傳持佛法的使命和利益眾生的菩提心。不忍眾生苦，所以發起菩提心，透過種種方便之法，接引眾生脫離煩惱的苦厄；更因人間世世代代都需要佛法，所以如何續佛慧命、承先啓後，也是菩薩行者的本分事。感恩師父的教導，以及僧團與護法信眾的護持，使我扮演方丈這一角色，始終有清楚依循的方向，我也相信，全體法鼓山僧俗四眾和我一樣，都走在這條菩提心的大道上。

佛法講因緣，以因緣無常而隨順因緣，也由於因緣無常，凡事均有努力與成長的空間，更應促成因緣、創造因緣。這是我的第一本書，很感恩「有鹿文化」許悔之總經理對我的青睞。出書是我從不曾想過的事，我自知自己能力有限，分享佛法也都是從關懷的角度與大眾共勉，一起精進共修。然而悔之菩薩說，他從幾次接觸，觀察到我有一些特質，像是「無我」、「和合」、「歡喜」，希望能有因緣替我出書。對於他的讚美，我實在愧不敢當，只能說我正在學習，而法鼓文化認爲是很好的契機，應當成就。爲了感恩，也是同結善緣，所以有了這本書的出版。

本書內容，有我過去幾年在公開場合的數次演講，也有我與法鼓山僧俗四衆的共同勉勵，還有一部分，是對於調心轉念及生死關懷的談話。這些內容，都是聖嚴師父提倡的「心靈環保」。心靈環保的關懷，是從個人的人品提昇做起，進而推及禮儀環保、生活環保和自然環保，便是將人的一生，所接觸的各種關係及環境，涵蓋其中。

我個人受用最深的是轉念，即「正面解讀，逆向思考」。如果待人處世之間，都能採取正向、積極的角度，從心出發、盡責盡分、奉獻利他，個人的煩惱即會減少，面對他人及環境的應對，就能增加一分和諧。從心出發，對自己盡責，所以不抱怨；從心出發，爲他人奉獻，所以經常抱願。

從學佛前「和合」的一念心，乃至過去近二十年師父教法的熏習，我如果有個「主張」，那便是重視和合的整體觀。團體之間要有整體觀，家人之間應有整體觀，職場也需要整體觀。師父曾說，不論是否有宗教信仰，只要有整體觀，人與人之間就不會疏離、冷漠，也不至於自私自利，因為個人總是在團體之中，若能多為他人設想、多為團體奉獻，當團體愈來愈好，我們自己的收穫，也是愈來愈多的。

美學大師蔣勳先生遠從溫哥華捎來推薦序文，分享過去數年，出席法鼓山園區除夕祈願撞鐘的身心體驗，讀來極為溫馨，至忱感謝。感恩眾善緣和合，今生能夠學佛是最大的幸福，感恩師父、僧團、護法居士及諸善知識大德的愛護提攜，也感恩協助成就此書的「有鹿文化」編輯群及「法鼓文化」編輯同仁。惟願我的一點學佛心得，能收讀者的共鳴，讓自己與他人，都能夠平安、健康、快樂、幸福。

目錄

輯三 關懷在人間

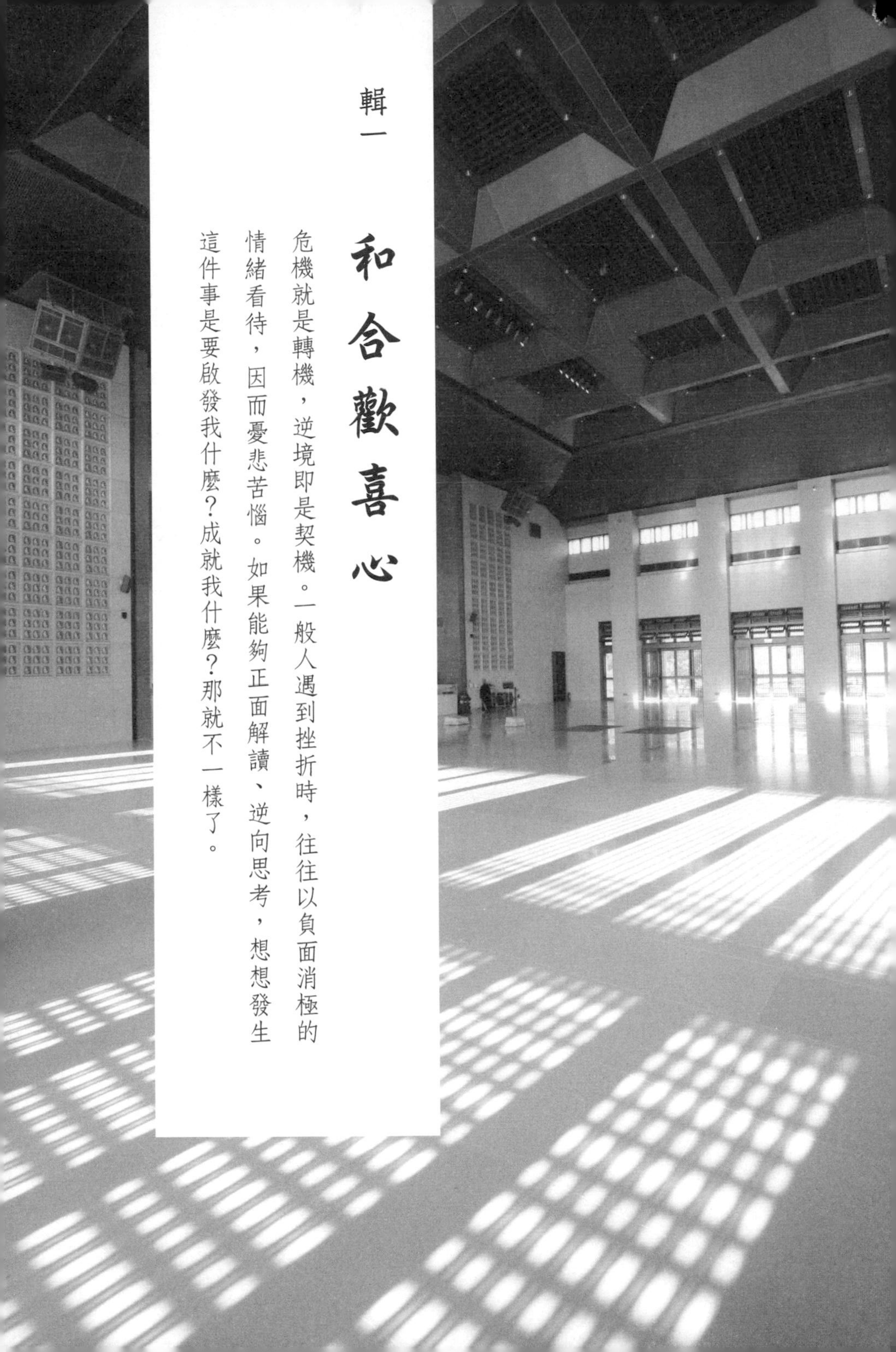

輯一

和合歡喜心

危機就是轉機，逆境即是契機。一般人遇到挫折時，往往以負面消極的情緒看待，因而憂悲苦惱。如果能夠正面解讀、逆向思考，想想發生這件事是要啟發我什麼？成就我什麼？那就不一樣了。

1 調心轉念好禪修

盡心盡力，隨緣努力

人間之事，皆由因緣而成；我出家的因緣，始於調心的渴望。

在還沒有學佛以前，我的煩惱很多，習氣也重，遇到不開心或不如意事，偶爾會鑽牛角尖，慨嘆：「怎麼會這樣！」

那時，家中有尊觀音像，小小的一尊，每天拜得很歡喜。我也經常從報章閱讀一些勵志短文，提醒自己要正向積極，可惜只能嚮往而力有未逮，久而久之，心中的心結，化解不開。又因見到身旁的親朋好友，平時相處倒也和樂，一旦見解不同或有利益糾葛，哪怕只是一丁點小事，很容易就起衝突。每回見到這種情景，都讓我心生不忍，眞希望自己有能力可以幫助他們。

現在回想起來，那應是我內心深處對於「和合」的一種渴望。無論是看待身心自處，或是人與人之間的互動，隱隱約約「和合」二字，在我心中生起一種無法言喻的價值。

民國七十六年(一九八七)底，經人接引，我第一次接觸農禪寺，最初是從閱讀聖嚴師父的書開始。眞正親近，則是在民國八十年(一九九一)，到農禪寺做義工、參與修行，雙管齊下。民國八十一年(一九九二)初，接連參加禪七及佛七之後，從此堅定出家的決心。我出家最大的收穫，便是從聖嚴師父的教導，認識了正信的佛法。

所謂正信的佛法，是從認識因果因緣法，建立正確的人生觀，換句話說，只有我們的心念正確，才能帶動生起包括言行舉止及處世方法等正確行爲。

一般人往往以爲「我」是永恆不變的，卻不知道「我」是經常變動變化的，本質上是空的、是假的，也可以說就是虛幻的。從佛法來講，「我」是由色與心構成。《心經》講的「色、受、想、行、識」五蘊，其中，「色」是指構成身體的物質條件，由「地、水、火、風」四大所構成，「受、想、行、識」，則是指心的功能，專指精神層面。五蘊的色、受、想、行、識，均是由因緣和合而成。

既然我們的心念與構成身體的物質條件，都是暫時組成，無時無刻不在變化，而由色與心組成的「我」，自然也會隨著因緣條件的起滅變化而有新的組合。這便是佛法講的「緣起、無常、無我、空」——宇宙人生的眞理實相。

誤解佛法的人，以爲無常的觀念很消極，卻不知道正是由於無常的現象，才有努力的空間，才有轉變的可能，可以使不好的轉爲好的，已經很好的還可以更好，所謂「日新又新」，便是無常的最佳詮釋。

至於因果觀念，我們的現在，是由過去的行爲所致；同樣地，我們此刻的行爲，也將影響未來。便是「欲知前世因，今生受者是；欲知來世果，今生做者是。」對於已經發生的事，不必懊惱、不必追悔，重要的是把握當下，盡心盡力，隨緣努力，不去計較得失。能夠這樣，我們的人生，一定是非常安定踏實的。

前一念妄念，下一念正念

經上說：「心本無生，因境而有。」心，本來是純淨、光明的，然而一遇到境界，有的人產生煩惱心、分別心，也有的人生起慈悲心、智慧心。你是哪一種心？

我們所面對的境界，原來無分好壞，只因個人喜好、分別、比較而產生判斷，對順心如意的境界感到喜歡、執著，對於不如預期的事情，生起厭惡、逃避之心，這都是人的習性。當我們覺察自己的情緒，常隨外境生起憂悲苦惱，我相信很多人是希望改變的。

日常生活中，碰到各種情境，發現自己的身心處於緊張的狀態，可運用以下幾個方法，來幫助我們調心。

首先要建立緣起的觀念知見。知道一切現象是無常、無我、空的，好的念頭是暫時的，壞的念頭也是暫時的；好的事情會過去，不好的事情也一樣會過去。遇到境界，好的不貪著，壞的不討厭，只是體驗，而不參雜情緒，就是在調心。

其次，可運用禪修的方法，也就是聖嚴師父經常開示大眾放鬆身心的方法。閉上雙眼，眼球放鬆、頭腦放鬆，而把注意力有意無意地放在呼吸上。先作幾次深呼吸，體驗呼吸的一出一入。剛開始，呼吸可能是急的、緊張的，經過幾次練習之後，氣息會愈來愈深、愈來愈長。一邊體驗呼吸，一邊享受生命，呼吸是生命中最珍貴的部分，慢慢體驗，身體也會漸漸放鬆。體驗呼吸的過程，就能幫助我們調適身心。日常生活中，一旦察覺到身心處於緊繃狀態，可從體驗呼吸來練習放鬆身心。

另一種方法，是從信仰來尋求安定的力量，或是持咒、誦經，或是禱告都可以，就看平時熟習的方法。如果已經學佛，可以持念佛菩薩聖號，例如：觀世音菩薩、阿彌陀佛、藥師佛、地藏菩薩，或是釋迦牟尼佛等聖號，讓自己的心與聲聲佛號融合一起，持念一段時間以後，就能夠幫助我們的心安定下來。

從究竟法來講，這些幫助我們轉移煩惱的方法也是妄念，僅是權宜的方便法，但至少可讓我們的心，當下不與比較、計較、執著等煩惱心相應，如此「以妄治妄」，也是調心的過程。

靜

練習的時候，可能剛開始的專注力比較薄弱，信心也不足，會覺得方法用不上，此時不必氣餒，而要勉勵自己回到方法。前一念妄念，下一念正念；前一念煩惱念，下一念清淨念。一回生，兩回熟，工夫就會愈來愈純熟。好習慣是慢慢養成的。

縮短煩惱的時間

人往往受習慣制約而不自知，經常在相似的境界兜圈子，轉不出來。雖然事緣不同，但是自己的思考模式、行爲反應，卻一成不變。

一般人遇到問題時，過去怎麼做、怎麼思惟，當下就怎麼反應。從佛法來講，這就是業力的作用。我們每一天、每一次反應的身、語、意三業行爲，都在加強此業力，或向善業增強，或向惡業染濁。

聖嚴師父提出的「四它」觀念：「面對它、接受它、處理它、放下它」，教導我們面對困境，可把關注點放在事件本身。首先是正視已經發生的問題，從心態上接受事情已經發生，而不是逃避。願意接受是很重要的第一步，接受以後，才能思考如何處理。

處理的態度，在於盡心盡力。如果自己的能力不足、資源有限，可向外尋找援助，包括家人、親友、同事，或是尋找社會資源來處理，處理之後就要放下。如果是當下無法處理的就暫時擱置。擱置並不代表不去關心、不去處理，而是有些事情因緣尚未成熟，各項條件還不具足，就要等待時機成熟再來處理。如果因緣成熟了，成事就如順水推舟，水到渠成。

師父主張的「四它」觀念，有許多人都在用，能夠不帶情緒而用理性的態度來處理問題，便是智慧。雖然我們不可能一下子沒有煩惱罣礙，也不可能馬上做到永遠不生氣，至少可以練習把生氣、煩惱的時間縮短，不讓負面的情緒停留過久，也是一種進步。

眼見不一定爲眞

每個人都是獨立的個體，觀念不同、想法不同，做事方法也不同，原是無可厚非。不過，人與人的互動，常常因認知、見解不同，而產生誤解、衝突。

或許有的人會說，誤會的產生，大概是因爲跟對方不熟所致。然而即使親如家人、夫婦，每天朝夕相處，誤會、衝突仍是在所難免。

《呂氏春秋》有個故事，記載孔子與學生顏回的互動。我們知道，顏回是孔子最欣賞的弟子，而孔子欣賞顏回，就在於他的品性，一簞食、一瓢飲的清苦生活，顏回仍然不改其抱負，樂在其中。

有段期間，孔子與弟子過著三餐不繼的生活，好一陣子沒有吃到米飯了。顏回向人索取一些米穀，正在炊煮，快起鍋時，孔子卻看見顏回把一口米飯送入口中，對此深感詫異。

飯已煮熟，顏回請孔子用餐。孔子則說，今天早上，我夢見先祖了，不妨祭祖以後再吃吧。顏回則說：「不行的，剛才炊煮時，不小心讓煤灰沾汙了米飯，那些沾汙的飯粒若是丟棄，實在可惜，所以我撿來吃了。已經食用過的米飯拿來祭祖是不恭敬的。」

孔子得知事情經過以後，嘆息說道：我們以爲眼見爲眞，其實親眼所見，尚不足以爲憑；我們以爲心是可以依賴的，然而自己的心，也會有被蒙蔽的時候。

像這樣的事，經常在我們周遭發生。所謂「百聞不如一見」，親眼所見，或許可讓我們減少猜想、臆測，但如果我們的心仍存有分別、判斷，還是見不到事實。所以孔子才會感嘆，原來心也有被蒙蔽的時候。

從佛法來講，只要心中仍有比較、形容、判斷，便是落入主觀的自我中心，眼見不一定爲眞。當然，世上並沒有絕對的客觀，只有相對的客觀。當我們遇到境界的時候，至少可以練習做到相對的客觀，減少一些自我預設立場，這對事情的處理會更有幫助，對他人也能更多一些體諒和包容。

例如日常生活中，有的人一早進辦公室，莫名其妙就挨了主管一頓脾氣，或是同事臭著一張臉，不理人。如果我們能夠抱持理性的態度，就可以理解「事出有因」。如果問題眞的出在自己身上，就要去面對處理。假使錯不在自己，則也不必隨著對方的情緒起舞，不必把別人的問題變成自己的問題。反而要去善解，體諒對方可能一早受了委屈、壓力過大，由於不懂得紓解壓力，以至於遷怒他人。

禪修有個「直觀」的法門，只是去看，只是去聽，而不做比較、不給形容、不下判斷。聖嚴師父曾在《無法之法》一書中提到：「直觀，是觀眼前當下所體驗到的任何事情。畫家對所要畫的東西、如何去畫，都有自己的想法；因此，他的畫顯示出自己對於所畫的對象的感受。相反地，直觀更像是拍照。照相機精確地拍攝下所有的東西，卻不加以判斷、下標籤、產生情緒。就這個意義來說，直觀就像照相機般如實接納事物。」

所有的煩惱，均因自我中心而起，有了「自我」，就有「你」、「我」的對立分別，無法如實認識各種事務，因爲各種認知都是主觀的。看待任何事情，不給標籤、不加以評斷、不起比較分別心，才能夠貼近眞實。

理直氣要和

我的體型，有人說像彌勒佛，身圓、臉圓，連五官也是圓的。特別是我的眼睛不算小，有的信眾說我的眼神很銳利，看起來有點凶、有點嚴肅；也有人說，我的眼神會說話，好像能夠讀懂人心似的。

眞有意思，我只是專注去看、凝神去聽，眼睛不自覺睜大，居然會引起如此不同的解讀。不過，這對我也是種提醒，如何讓眼神也和我的身型一樣，雖然圓，也要圓得讓人歡喜，讓人覺得親切。

我當然不敢說自己像彌勒佛，然而像彌勒佛那樣的慈悲歡喜，確是我在學習的。就有人問我：「方丈和尚您現在還會生氣、還會起煩惱嗎？」我說我還是凡夫，尚未成佛，當然也會生氣，還是會起煩惱。只是遇到境界時，我會馬上觀照自己的意念、行爲是否得體？究竟是妄念還是正念？如果是妄念，就馬上回到正念。

不過，由於我們的習性有些已根深柢固，並不容易覺察，反而要透過與他人互動時的反應才能發現。所以聖嚴師父曾說：「環境是我們的鏡子。」例如被人問起：「你剛才怎麼了？怎麼會有那種反應？」這種提醒，就是一種關懷。也有一種關懷，叫做「愛之深，責之切」，認爲對方可以做得更好，而要求對方要更用心、更努力。

面對他人質疑或指責時，一般人很容易生起防衛心，認爲那是對方誤解，因此非講清楚、說明白不可。也有的人嘴上不說，心裡卻在抗議，或者默默把對方列爲拒絕往來戶，從此不再互動。從佛法的角度來講，這兩種態度都應避免。

所謂益友，乃是「友直、友諒、友多聞」，有人願意向你反應問題，那是出自眞心的關懷，否則大可不必因此傷了情誼。面對他人提醒，我們應當心存感激，視爲一種慈悲的反應，自己要檢討反省，有則改之，無則嘉勉。

如果有錯，就要勇於認錯。人難免會犯錯，只要同樣的錯，不故意再犯、累犯，都是可以體諒的。所謂「知過能改，善莫大焉。」從錯誤中得到經驗、得到成長，正是修行。所以我常常在大眾場合中分享：「成功是好的收穫，失敗是好的體驗。」

同樣地，我們也應當成爲他人的益友，關心對方的成長，勉勵人改過遷善。但是關懷人需有要領，過與不及，都會適得其反。就像我出家前，有些事情表達太過直接，我的父親便告訴我：「你說的都有道理，就是氣太『壯』了點。」氣太壯，就是不圓融，傷了人還不知道。出家以後，懂得理直氣要和，立場要堅定，態度則要柔和。

佛經中雖有「金剛怒目」的菩薩示現教化，然而「金剛怒目」的表達方式必須應機，要看對象是否得以承受。通常來講，一般人比較無法理解「金剛怒目」，雖現生氣相，實爲不起情緒的一種悲智教化。

站在同理心的立場爲對方設想，這樣的關懷才能契機契理。有時我們關懷人，不一定是透過語言，傾聽、陪伴也能達到關懷的效果。我總認爲，關懷之中，一定含有理解與包容，要能理解對方的立場，也要包容對方的反應。如果覺得自己還沒有能力關懷，至少可以起善念爲對方祝福。

簡單最好

我經常要到國內外關懷，有時剛從海外回來，就要面對會議、活動、會客等一連串行程，就有人說：「方丈和尚行程這麼忙，還要面面俱到，眞不簡單！」我說：「我也不『複雜』啊。」

提到複雜，一般人多半想到的是人際關係的複雜、事項的複雜，事實上，這些都與心念的雜染有關。

我們經常體驗到苦的滋味，生氣、煩惱、憂愁，都是苦，其實這些現象，包括情緒反應、心理波動等等內心感受，都是各種因緣和合而生。心念是生、住、異、滅的無常現象，不斷流逝，也不曾停留，然而我們卻執著不放，鑽牛角尖、胡思亂想，而且還一股勁兒往負面去想，一邊提不起，一邊放不下，這就是複雜。

換個角度想，如果心念能夠清淨不雜染，便是一種簡單；心清淨，生活單純，人際關係也就不複雜。

對於簡單生活，我自己有個體會，往返國內外各地，經常需面臨時差問題，但我很慶幸，自己身體還算健康，雖然體重不輕，還好身體負擔不重，因此就目前來講，時差在我身上並不明顯。最主要是我一向不在意時差，該做什麼就做什麼，有空檔就休息，如此也就克服了時差。

這就正如聖嚴師父教導我們，有事情，一樣一樣處理，事情多的時候，要趕不要急，要忙不要亂。身在哪裡，心在哪裡，身心是輕鬆愉快的。也可以說，簡單，就是禪的精神。

禪不離日常生活，行住坐臥皆是禪。例如，開車的時候，遇到交通尖峰期，塞車了，很可能心裡跟著急。但是，急也不是辦法，對事情也沒有幫助，倒不如趁此觀照自己的身心，是否能夠安住當下。

我也聽說，有的人一邊開車，一邊誦經，當成是修行。我的建議是，開車時應避免誦經，如果是在車上播放聖號，倒不失為一種幫助攝心的方法。

《金剛經》講：「應無所住而生其心。」這是「簡單」生活的至高境界。簡單，也許真的不簡單，卻可從不複雜邁向清淨的簡單。

應無所住

吃虧原來是捨得

釋迦牟尼佛悟見緣起法時曾說，衆生皆有如來智慧德相，只因妄想執著，不能證得。衆生所不能證得的，即是人人本有的清淨佛性，可惜的是，這樣的清淨心，被無明煩惱給遮蔽了。

一般來講，自我中心強的人，煩惱也比較重，過度在乎自己的觀點、喜愛、利害得失，不僅讓自己起煩惱，也讓他人起煩惱。從佛法來講，自我中心是可以消融的，與自我成長密切相關。就像煩惱與智慧是一體的兩面，煩惱若能減少，智慧自然生起。

世俗的價值觀，往往以追求自我的利益，當成是成長的軌跡。實際上從長遠來看，這種「自利」是短暫的，以爲得到很多，使自我更有保障，實則不然。因爲人不可能脫離群體而存在，個人與家庭、職場、團體，或是自然環境，都是相互依存、共生共榮的生命共同體。只有在生命共同體的整體考量中，個人才可能有堅實的保障，因此有句話說：「不自私，才是利人利己的保障。」

大家也經常說：「吃虧就是占便宜。」能有這種心態，代表自我中心已經淡化。除此之外，還可以說：「吃虧原來是捨得。」練習淡化自我中心，把一切境緣當成是奉獻利他的機會，在成就他人的過程之中，我們自己也一定是成長的。

自我的最高層次是無我。無我的意思是說，心甘情願付出一切，而不求任何回報。只有徹底放下自我中心，才是眞正的慈悲與智慧。也許此刻的我們還做不到無我，但可以練習：平常少一點自私心，多一些廣大心。若能處處利益他人，必能廣結善緣，左右逢源。

莫讓順境成爲絆腳石

大家都喜歡順境，隨心所願，所以我們常常會祝福人「事事如意」，或者見到他人遇到困境，也會祈願對方「否極泰來」。然而困境、挫折，一定不好嗎？

在人類歷史上，許多眞正起大影響力，而扭轉時代的偉大人物，我們讀他們的傳記，除了見解深刻之外，往往環境艱困、處境荊棘等重重考驗，也伴隨著他們的生命故事。就如聖嚴師父的一生，充滿艱苦，卻總是感恩，認爲所有的逆境，到最後均轉化爲人生的養分，回饋著生命、滋養著生命，便是佛法所說的「逆增上緣」。

我們並不一定要成爲偉大人物，卻可以學習他們面對困境的態度。至於面對困境的信心從何而來？一個是認清自己的能力與資源，一個是掌握突破困境的方法，鍥而不捨地努力。第一條路走不通，換另一條路走；第二條路行不通，再換另一條路走。聖嚴師父也說：「山不轉路轉，路不轉人轉，人不轉心轉。」

危機就是轉機，逆境即是契機。一般人遇到挫折時，往往以負面消極的情緒看待，因而憂悲苦惱。如果能夠正面解讀、逆向思考，想想發生這件事是要啓發我什麼？成就我什麼？那就不一樣了。

其實，人生最大的困境，是自己障礙了自己，因為自己沒有信心，膽怯、害怕，而裹足不前。佛教對於業障的看法即是如此。凡是使自己無法成長，或造成他人利益損失的障礙，都叫做業障。換句話說，無法超越逆境而起煩惱，是業障；身處順境而得意忘形，不結善緣，反造惡業，也是業障。順境善緣，原是應該感恩的事，但若因此心生傲慢、目中無人，讓順境變成人生的絆腳石，那就非常可惜了。

在聖嚴師父的墨寶集中，有如下一段法語：「事事如意不見得好，處處荊棘磨鍊成器。」這是提醒我們：一時的成功並不等於永遠有保障，一時的失敗也不等於永遠的絕望。處在順境，不要得意自滿；遇到逆境，不必頹喪灰心。知福、惜福、培福、種福，才能永遠有福。保持這樣的心態，凡事都是新的契機，每個因緣都在成就我們修福修慧，隨時充滿希望與光明。

一邊學習，一邊奉獻

一般職場，大家各有立場，各有現實利益。現實要面對，但不必有打倒對方的心態。如果只想到自己的立場，無視他人的生存空間，甚至以搶奪市場來提昇業績，這樣的成功並不踏實。因爲對方在被逼得無路可走的情況下，很可能心生不滿，處心積慮想要扳倒你，結果雙方都不好過。

最好的方式是良性競爭。如果是同一職場，可以合作代替競爭，大家一起集思廣益，共同開拓新的資源、新的市場。如果同行不同公司，還是可在良性競爭的前提下，讓自己有路可走，也讓他人有路可活；讓自己有生存的空間，也讓他人有生存的空間。此外，還要堅持一個原則：損人損己的事絕對不做，損人利己的事也應避免；最低限度，則是不讓人損失。

或許有的人會說，出家人跟著僧團作息，不必上班，當然可以安定清閒。一般在家人要上班餬口，難免與人發生利益衝突。這兩種生活型態，互異其趣，怎可相提並論？

別忘了，出家人因爲過著團體生活，且要積極入世弘法，所接觸的人事層面，不比一般在家人少，甚至還可能更多。以法鼓山僧團來講，每個出家人負責的工作，都是由僧團分配交付的，叫做「領執」，又叫做「請執」。從意義上來講，既是任務接受，也是主動請事。所以聖嚴師父總是叮嚀，僧團所交付的每份執事，都代表常住三寶及龍天護法所賦予，每個執事都很重要，每個人均應感恩，從中學習、奉獻。

我認爲，學習與奉獻，就是最好的倫理。無論法鼓山教團或是一般職場，每個人都無法脫離群體而單獨存在，大家都是相互依持的，有的直接互動，有的間接依存，而倫理，便是從人與群體的各種依存關係而產生。

對於職場經歷，我不敢說自己有什麼心得，只是分享我在法鼓山教團的學習，那就是把每份執事，都當成是學習與奉獻的機會，不懂的便去學，從學習中奉獻，在奉獻中學習。出家人的執事，是以服務、奉獻爲前提，都是有利於大眾之事。在一般職場來講，有時公司交派的任務，並非自己的興趣或擅長所在，此時不妨從心態上來調整，面對新工作，即使不懂不會，可以一邊學、

一邊做，或許新的潛能便因此開發出來，何嘗不是一種成長的鍛鍊？

至於如何建立團隊和諧？聖嚴師父曾於民國八十二年（一九九三），法鼓山僧團的「法鼓傳薪」活動中開示：「行事六要領」，這也是我一直在學習的。這六項要領，分別是：

第一，堅守原則。主要是強調個人與團體，由個人來配合整體，以團體共識爲原則。

第二，充分授權。主要是講上下互動，在上位者應充分授權，以方便下屬行事。

第三，尊重他人。人與人相處要相互尊重，不堅持己見，常常心懷感恩。

第四，關懷對方。不論位居何種職務，都應主動關懷，並且做到普遍關懷。

第五，主動溝通。遇到問題，要主動反應、主動溝通。溝通時，最好能夠提出建議的解決方案。

第六，隨時檢討。檢討一定是檢討自己，而不是只檢討對方。隨時檢討自己的工作品質與工作成果，如果同事的能力一時無法配合，應當予以勉勵，也要諒解包容。

大家都希望在團體之中受人肯定，得到尊重與關懷，然而與其被動等待，不如主動去了解他人、接受他人，關懷人、幫助人也要積極。放下個人，以團體為重，從生命共同體來考量，當團體愈成長，我們自己也會跟著水漲船高。

精進是細水長流

坊間有些職場致勝祕笈，以獅子、老虎、獵豹等動物作比喻，鼓勵大家效法這些動物勇猛善戰的精神，以獲取職場成功的果實。佛教也不乏動物的比喻，最具代表性的，莫過於獅、龍、象三獸。

其中，獅子是陸地上最威猛的動物，用以比喻一人說法，而有一呼百諾的效果，並且能夠使人遠離邪念、消解煩惱，就像萬物聽見獅子吼而振聾發聵，使衆生遠離煩惱，叫做「獅子吼」。

象，是陸地動物之中，體型最大卻也是最和平的動物，具有廣度衆生、行菩薩道的象徵意義。龍，則是天上最尊貴的動物，示現威德自在，並可集雲降雨，潤澤大地蒼生，代表慈悲的象徵。因此佛門之中，常以「獅子吼」比喻出家法師說法殊勝，而以「龍象人才」期勉出家人當精進修持，作爲人天共同的師範。

獅子與龍象，象徵智慧、慈悲、力行菩薩道，這是佛法最主要的教化。學佛一定是從發利益衆生的菩提心開始，又叫做「發心菩提」。

可能有的人會擔心，發了菩提心之後，萬一做不到或是能力不足，怎麼辦？是否因此就不算是佛教徒了？其實不必這麼想，只要盡心盡力，做多少便是多少，心中常爲能夠奉獻而歡喜，這便是初發心菩提。

然而在修學佛法的道路上，初發心容易，恆久心卻難；一時的勇猛心容易，長遠心則難。正由於保持初發心、勇猛心之不易，所以佛教非常強調精進。所謂精進，是指不懈怠、不放逸，而細水長流、不斷成長。發現自己起了退心，趕快回到初發心，時時不離初發心，並且眞心發露懺悔，懺悔得清淨安樂，也是策勵精進的一種力量。

「四正勤」講：「已生惡法爲除斷，未生惡法不令生，未生善法爲生，已生善法爲增長。」便是在強調精進的實踐。有所爲有所不爲，以斷惡生善，來增進個人的身、語、意三業的清淨成長，是最好的精進。

三業殊勝，人定「勝」天

有句俗諺說：「人定勝天。」意思是指，堅定的意志力，可以改變人的宿命。佛教也認爲命運是可以掌握的，雖然有一部分因緣與外在環境相關，但是最主要的關鍵，還是在於自身的努力，就從身、語、意三業行爲的調整來改變。

只是一般人聽到「業」，常常覺得深不可測，很神祕。其實，業並不神祕，我們每個人的身、語、意三種行爲，從過去到現在，所累積產生的一種力量，就叫做「業」。業，有善業，也有惡業，有的人善業比較強，有的人惡業比較重，等到時機成熟時，自然產生不同的作用。

善業，則有福業及慧業二種。智慧的業叫「慧業」，慈悲的業叫「福業」，用智慧與慈悲，無條件來幫助他人，便是在福慧雙修。所以我曾說，「業障」可有另一層正面的解讀，便是以修福修慧，當成「福慧二業的保障」，無論遇到任何困境，都能夠坦然面對、欣然接受、泰然處理、安然放下。

聖嚴師父曾從「人心安定」的角度，詮釋「人定勝天」這句話的意涵。師父指出，地球是人類共有的大身體，大地是我們的母親，是全球七十億人口共同的依賴。只是回顧人類的歷史，人們對於大地的作爲，從來都是予取予求，不思回報，而當自然環境產生天災地變時，卻認爲是「大自然的反撲」。這種想法是有待商榷的。

至於如何與大自然環境和諧相處？師父提到：「安己、安人、安樂衆生。」由個人的安定、少數人的安定，擴展至多數人的安定；以清淨的智慧安心安身，以平等的慈悲安家安業。人心安定，才能與大自然相融和諧，這才是眞正的「人定勝天」。

學佛的人有兩大任務，一個是成熟衆生，一個是莊嚴國土。在法鼓山共識中的「精神」：「奉獻我們自己，成就社會大衆」，便是以奉獻自己、成就他人作爲共勉。如何可以做到呢？就從我們每個人的身、語、意三業清淨做起，三業清淨，是最莊嚴殊勝的奉獻。在這莊嚴殊勝之中，沒有恐懼、沒有憂慮、沒有罣礙，所以身心經常自在，而與外在環境共存共榮，和光同塵。

抱願，不抱怨

這幾年，每年我都會安排幾次的海外巡迴關懷。有一次回到臺灣，忽然有個念頭：「回來眞好！」之後隨即轉念：「哪裡不好？」尤其看到各地護法菩薩們，大多有家庭、有事業，仍盡心盡力做著淨化人心、淨化社會的工作，使我非常感動，我相信他們都是發願而來的。

發願是菩薩道非常動人的一種精神。發願與立志，意涵有些近似，卻又不盡相同。我們每一個人從小就學會立志，有的人立志成大事、做大官、賺大錢，有的人立志行善天下，利益大眾。從菩薩行的實踐來講，立志「奉獻利他」，就是發大好願。

菩薩發願，一定要踏實、務實，最基本的指標有兩項，一個是因緣成熟，一個是普及大眾。凡是利益眾生的大悲願心，除了個人精進努力之外，尚須有外在環境的條件和合，努力而不見成果，不必氣餒、頹喪，只要提起信心、願心持續向前，時機成熟，自然水到渠成。另一個指標是普及眾生，菩薩爲利益眾生，不會有特定的對象之別，而是廣結一切善緣，度化一切眾生。

願，是我們向諸佛菩薩最深刻的學習。每位佛菩薩均以其願力，在十方三世一切世界，建設清淨莊嚴的佛國淨土。我們學習佛菩薩的精神，也應懷抱願力，在我們的這個世界，從自己的人品提昇開始，進而奉獻自己，成就他人，在人間建設淨土。

法鼓山以「提昇人的品質，建設人間淨土」作爲理念，在臺灣新北市金山區的世界佛教教育園區，以及法鼓山在海內外世界各地的分支道場，都是法鼓山理念的具體實踐，甚至任何一個實踐法鼓山理念的人，也都代表著法鼓山。我們每一個人，在自己的崗位上盡責盡分，努力扮演好自己的角色，以慈悲關懷人，以智慧處理事，以和樂同生活，以尊敬相對待，就是在落實法鼓山的理念。

森羅萬象皆在放光說法，世間一切都是成就我們修福修慧的因緣。聖嚴師父說：「虛空有盡，我願無窮。」或許一人、十人的力量有限，但是千千萬萬人的願心共同會集一起，便是無可限量的一股大願力了。「抱願，不抱怨。」願與大家共勉。

2 當我們面對生死

師父爲我們上的一堂生命課

盡形壽，獻生命

人既有生，終將會死。在生生世世流轉的生命之流中，一期生命的出生，並非最初的開始，一期生命的結束，同樣也非最後的終點。從佛法的觀點，生命是無始無終的。不過既然得此人身，就要好好善用，活著的時候，要活得健康快樂，當死亡來臨時，心無罣礙放下一切，安詳往生，這是最自在的生死觀。

聖嚴師父爲我們上了一堂極其深刻的生命課。

對一個大修行人來講，每一期生命都是因使命而來，因願心而與因緣成熟的國土衆生共結善緣。師父把自己的一生，當成是佛菩薩賦予的使命，任何時刻總是全力以赴，即使生病，仍然活得有精神、有活力。在生命的最後時刻，師父說：「在無限的時空之中，有無限的眾生需要幫助和度化，只要哪個地方的緣成熟了，我就去！」

因爲體認到「佛法這麼好，知道的人這麼少，誤解的人卻那麼多。」師父的一生，總是感恩三寶、感恩父母師長，也感恩眾生，爲佛教、爲眾生建立了清淨和合的法鼓山僧團、興辦了國內第一所佛學研究所、改良了沿襲已久的佛事儀軌，以及建設如人間淨土般的世界佛教教育園區。

自從一九七七年底，從美國返回臺灣，接續師公東初老和尚的法務，至八十歲捨報圓寂，在三十多年之中，師父盡形壽，獻生命，即使世人給予無盡的讚歎，但師父堅持自己只是一個平凡的僧侶，僅是一個促緣者，眞正成就法鼓山道業的，是無盡因緣的會集，以及各界善知識大德的護持成就。

把病痛交給醫生，把生命交給佛菩薩

一生常在病中的師父，對於生病的人最能感同身受了，因此常以「把病痛交給醫生，把生命交給佛菩薩，自己完全沒有事」勉勵病者，並且以身示範，即使生病，仍可為衆生奉獻；或者能力、體力有限，讓他人來圓滿也很好，內心總是平靜安定。

師父也曾說過：「病不一定苦，痛不一定苦，窮也不一定苦。」身體有病，心理可以很健康。苦是心理不平衡，心不甘情不願，所造成的煩惱。

二〇〇五年八月底，就在法鼓山落成開山前夕，師父生了一場大病，並於住院前，完成幾項重要的任務交付，過程非常平靜，當中包括九月二日舉行的法鼓山第一屆傳法大典。傳法典禮結束後，師父隨即辦理入院手續，接下來便是一連串的手術療程。十月二十一日，師父向醫院請假，親自主持法鼓山落成大典，親眼目睹世界佛教教育園區落成，師父的心中無限感恩。

不換腎，沒有吃白飯

當師父生病的消息公開後，許多熱心的護法信衆都力勸師父換腎，但師父強調他已是七十多歲的老人了，換了腎，不僅浪費，對生命的尊重而言，也不應該。

儘管身體不適，師父的法務仍然相當多，演講、開示、會議、接見訪客，甚至親自爲話頭禪四十九舉行開示，行程依舊忙碌。不同的是，此時師父提起了毛筆，寫了一幅幅文義精闢的書法。師父以身教向僧團弟子們告誡：「做一日和尙撞一日鐘」，即使生病，也沒有「吃白飯」，還是要提起農禪精神，每天爲三寶及常住大衆奉獻。

師父爲了法鼓大學，勤於寫書法，促成日後「遊心禪悅」書法展的因緣，在全臺灣北、中、南各地，共計舉辦五場，而募來的護持基金，則用於法鼓大學「禪悅書苑」的建設經費。

關於書苑命名有個插曲，曾經有人建議，書苑經費既是因護持師父的大悲願心而有，若是取名「聖嚴書苑」豈不更好？但師父堅持弘法不弘人，興辦法鼓大學，不是爲了個人理想，而是以「心靈環保」爲辦學理念，培養有慈悲、有智慧的優秀人才，奉獻給我們的時代社會。

不怕死、不等死、不尋死

人的肉體身命雖然有限，精神生命則是無窮的。珍惜每一個當下，做有意義的事，每一口呼吸都是幸福。

二〇〇七年底，師父經歷一次重大手術，有段時間必須以輪椅代步。那時，書法展正在臺北舉行，大家都很關心師父的法體，眞的可以出席嗎？結果開幕式當天，師父坐著輪椅出席，這一幕，讓許多人哭了。

一向堅毅不撓的師父，在致詞中安慰大衆：「我不怕死、不等死，也不尋死，但隨時準備著死亡，在死亡前，只要還能奉獻，我一定奉獻。」

二〇〇八年五月，中國大陸四川省發生大地震，傷亡慘重，法鼓山除了舉辦三時繫念法會爲罹難者超度、爲生者祈福之外，在呼籲賑災的記者會上，師父親自寫下「哀悼、悲慟」四個大字，更在談起受災受苦的民衆時，流下悲憫的淚水。

爲了賑災，師父即使病體虛弱，仍強打起精神，積極與各方聯繫，找人、找資源、疏通管道。接著，又爲了二〇〇九年的系列活動，包括：法鼓山創建二十週年、《人生》月刊六十週年、護法總會三十週年等活動，親自召集了幾次會議。

坦然面對身後佛事

世間無常，生死無常，如果福報業報未了，想走也走不了；如果福報業報已了，想留也留不住。面對生死，師父一貫的態度是隨順因緣，因此說道：「今生做不完的事，願在未來無量生中繼續推動；個人無法完成的事，勸請大家來共同推動。」

二〇〇七年上半年，我曾請示：「若有一天，師父在世間的任務即將圓滿，是否有什麼囑咐，我們好依教奉行。」師父說，已經寫了預立遺言，該交代的事都交代了。師父總是強調，法鼓山是以理念領導，已有明確的理念、精神、方針和方法，已建立完整的教團制度，一切依教奉行。

也因這個因緣，僧團成立「圓滿」專案，共分成三個階段，每個階段，均設專案小組。圓滿一：法體照顧，妥善照顧師父的法體，期望師父能長久住世，師父若能長久住世，便是社會大眾及法鼓山僧俗四眾的共同福報。圓滿二：圓寂佛事，師父色身捨報相關的佛事安排。圓滿三：願願相續，師父在世間的任務圓滿之後，法鼓山僧俗四眾如何同心同願，繼續完成師父的大悲願心，並且承先啓後，傳揚法鼓山的理念，達成淨化人心、淨化社會的使命。

到了二〇〇八年八月，師父完成每三個月的定期檢查，還特別請侍者法師告訴我：「師父這次檢查，一切平穩。」十月，師父則以身體狀況愈來愈差，希望我能多一些時間留在臺灣。十二月底，師父再赴臺大醫院檢查，檢查結果爲多發性肝腫瘤。

二〇〇九年元月三日，師父最後一次出席公開活動，那是護法體系的歲末感恩分享會，主場地在農禪寺，透過視訊，全臺灣各地分院同步連線。那天，師父身體非常虛弱，由侍者法師攙扶。在現場播放師父預錄的開示影片之後，司儀菩薩恭請師父再開示，師父說：「我該講的都已經講了，還要說什麼呢？」兩天後的元月五日，師父辦理入院手續，隔天即病危陷入半昏迷。「圓滿」專案第二階段的前置作業，便是此時開始啓動的。

元月八日，師父病況呈現好轉。那幾天，我到醫院探望，師父問我最近忙些什麼？過得好嗎？我說跟平常一樣處理公事，關懷大衆。師父又問我：僧衆及大衆好嗎？我說大家都很精進用功，都在爲師父法體安康祈福。過了幾天，我和幾位法師將有關圓滿佛事做法及場地規劃，透過電腦呈現，逐一請師父確認。師父聽取簡報之後說：「好莊嚴啊，你們很用心。」

師父在遺言中囑咐：「在我身後，不發訃聞、不傳供、不築墓、不建塔、不立碑、不豎像、勿撿堅固子。」這是師父智慧的教導，也是一種佛法的教育，對色身不應執著，對身後事更不可著相。骨灰植存，是師父倡導的一個心願，對於喪儀的改革是很重大的一步，更由於師父的現身說法，通過媒體傳播報導，產生深遠的影響。

活得自在，病得健康，走得安詳。師父坦然面對生死與身後佛事，除了言教，更多的是「盡在不言中」的無盡身教。

「無事忙中老，空裡有哭笑，本來沒有我，生死皆可拋。」是師父遺言中的末後說偈，展現了宗教家的生命高度，也讓世人知道：有一種人生，是懷抱願心而來，當任務圓滿而要離開的那天，沒有牽掛，自在無礙。

珍惜生命，多想兩分鐘

人生並不孤單

生命無價，然而不可否認，自殺現象是今日臺灣社會必須正視的課題。

有鑒於自殺現象對社會造成的震撼與負面影響，二〇〇六年起，聖嚴師父指示「法鼓山人文社會基金會」推動防治自殺工作，除了發起「關懷生命——你可以不必自殺」社會運動，更透過媒體，呼籲社會大眾共同關懷生命。當時師父提出的法語，幫助不少正處於人生低潮的失落者，重拾活下去的勇氣。例如：「多想兩分鐘，你可以不必自殺」、「呼吸即是財富，活著就有希望」、「其實，你可以不必自殺；還有許多的活路可走！」這些話語，都是師父無限悲心的呼籲與勸說。

造成自殺的原因很多，包括：不堪挫折、壓力，或是家庭不和諧、經濟負擔過重等，也有因患躁鬱症、憂鬱症，而對人生漸漸失去希望，覺得活著沒有意義，因此步上自殺之途。其中，最令人不捨的是父母攜子自殺，因爲父母認爲把孩子留在世上，沒人照顧，只有受苦，與其讓孩子受苦，不如帶他們一起「走」。

這是非常錯誤的觀念。每個人均是獨立個體，每個孩子擁有自己人生的自主權，父母把孩子撫養長大是大功德、大好事，但如果以孩子爲自己財產，戕害孩子原有的未來，那是犯了殺人罪，是人間最悲慘的損失。

每個自殺個案的背景不同、因素不同，雖然不能以偏概全，但是會自殺的人，通常對這個世間是不滿意的，覺得不公平、不完美、不順心，人生沒有希望，因此生活中不斷出現自殺的念頭，乃至演練自殺的行爲。

從佛法來講，傷害自己的生命，或是傷害他人的生命，同樣都是犯了殺人罪。人的一生，對歷史來講太短促，對宇宙而言太渺小，但就是這短短的數十年，一代一代繼起，而交織成就了人類豐富的文明。

二〇〇八年，法鼓山人基會舉辦「關懷生命獎」，聖嚴師父當時發表了一篇〈生命，不只屬於我們自己〉專文，文中指出：「希望我們每一個人都能夠珍惜自己的生命，也關懷他人能過平安、健康、快樂的生活。提到生命，人的生命究竟屬於誰？有的人認爲，從出生到死亡的這個過程中的生命，完完全全屬於自己，因此由自己支配，乃是天經地義的事。其實這種想法是相當片面的，甚至可說是一種自私且不負責任的態度。」

佛法也告訴我們，我們的生命是眾因緣成就的，從出生、就學、成家、立業……，無不倚賴各種各樣的「外緣」，才能維繫我們的生存與成長，乃至對社會有所貢獻。

因此，人的生命，並不是想活就能夠活，活著的時候，必須要有各種條件的配合；也不容許想死便死，生命並非片面屬於我們自己，每個人都沒有自殺的權利。我們每一個人的生命，都與父母家人相繫，與同儕友人相親，也與社會國家和天地自然之間，有著密不可分的關係。

沒有一個人是孤單的，也沒有一個生命是無依無援的。因此，我們對我們的家人、朋友、師長、社會，乃至整個宇宙，是有責任、有義務，而要回報奉獻的。這份責任，不一定是對社會有所貢獻，但是最基本的，每一個人要善用自己的生命，珍惜生命，克盡自己的責任與義務，這才是真正發揮了生命的價值。

每個生命都需要祝福

已經發生的自殺憾事，還是要去面對、接受，用佛法祝福。我們相信，每個自殺者在選擇結束自己的生命之前，必然已經歷長期的身心煎熬，在他們往生以後，仍然需要佛法的慰勉。對於往生者的家屬或親人，則需要更多一分關懷。

對自殺者的家屬來講，傷心、難過，甚至氣憤，都是可以理解的情緒，不過還是要勉勵他們，事情既然已經發生，就必須面對、接受及處理。也要讓他們知道，往生者因無明煩惱而選擇結束生命，此時最需要的，是家人的寬容、釋懷與祝福。

從自殺案例中發現，因爲逆境挫折而自殺的年輕人，並非個案，這需要社會各界共同來關心。而年輕人自殺所凸顯的問題，包括世俗所不忍見到的「白髮人送黑髮人」。例如曾有一對父母，一夕之間失去孩子，非常傷痛。我向他們分享，父母對子女的包容是無止盡的，過去生他、養他、栽培他，現在還能送他最後一程，如此只有付出，不求回報，就如同觀音菩薩化身，展現大慈大悲、聞聲救苦的精神。他們聽了以後，就比較釋懷了。

信仰中的生命歸屬

不可否認，人活著的時候，常常會遇到各種各樣的打擊和挫折，而要從種種逆境之中堅強走過來，確實辛苦。但是，也只有活著的時候，才有改變和改善生活的契機。

聖嚴師父告訴我們，每個人來到這個世界上，都具有兩項任務：一種是受報，一種是還願。如果今生該受的業報尚未清償而自殺，那就像是欠了一身債款未還，逃避隱身以為沒事。實際上，逃避沒有用，債務不僅不會憑空消失，反而可能連本帶利向你追討。還願則是一種更積極的生命觀，由於我們在過去生許下心願，因此今生繼續行願，奉獻付出。心甘情願還債的人平安，心甘情願還願的人快樂。

活著就有意義，哪怕是得重症的病人，仍可發揮生命的價值。比如有佛教信仰的人，雖然已經躺在病床上，尚可以念佛號、念觀世音菩薩，一者助己安心，一者為人祝福。或者是體力虛弱，已經沒有辦法出聲，也可以在心裡默念觀世音菩薩聖號。或者什麼也不做，就是心中默默為人祈禱、為社會祝福，這也就是在做好事，就是在發揮生命的價值了。

除此之外，希望每個人都能有健康的宗教信仰。有信仰的人，碰到逆境挫折，相信有神或佛菩薩的護佑，心中有依靠，自然心安平安，或是隨時隨地把心念轉為正念，希望光明無限。

莊嚴佛事、自在告別

看待死亡的正面心態

人們常把死亡，視爲一件痛苦、悲戚的喪事，然而聖嚴師父說：「死亡不是喪事，不是喜事，而是一件莊嚴的佛事。」這是告訴我們，面對死亡的正確心態，以及如何從佛事之中，深刻體會生命的意義與價值。

法鼓山的大關懷教育，是對生、老、病、死的整體關懷，自一九九三年倡導「禮儀環保」以來，無論是佛化奠祭、佛化祝壽或者佛化婚禮，都希望透過簡約、環保而隆重的儀式，來淨化人心、淨化社會。在我擔任助念團和關懷院的輔導法師的期間，前後大約十年，除了有師父的教導，在實際推動臨終關懷及佛化奠祭的過程中，爲了關懷與教育並行，讓我對「慈悲關懷人、智慧處理事」有更深的體驗。

例如不同地區、不同民情，甚至不同的家庭，對於人生最後一件大事的看法，往往見解不同。如何善巧掌握原則，分享佛法的觀念與做法，種種都是在成就我學習如何恰到好處圓融處理，讓生死兩相安，皆能得到佛法的利益。

我也發現，面對死亡，如果能夠抱持正向心態，就能產生正面的力量。二〇〇八年四川發生大地震，有個地方叫做北川，全鎮建築因地震而傾毀，現在已成爲一處遺址，用以追悼在這場世紀大震中喪失寶貴性命的罹難者。二〇一二年六月下旬，我到了遺址現場，陪同我們的當地人員說，這裡是災難現場，瓦礫堆下，埋著許多罹難者，氣氛很「不一樣」。我以佛法向他們分享，這些罹難者，全都是代我們受苦受難的大菩薩，不僅啓發我們更應珍惜生命，同時也提醒世人對於防災的建設與教育，仍需加強。像這種觀念，他們很能夠接受，對於死亡的觀念，也從負面心態轉爲正向的意義。

聖嚴師父說：「人生的終點，不是生命的結束，乃是無限的延伸以及圓滿的連續。」每個人均需面對死亡，我們所要學習的這一堂課，除了關懷生命，也幫助我們對於生命的意義與價值，建立更深的認識。

預立遺囑，交代生死

當親人瀕臨死亡時，許多人都面臨一項困難的抉擇：是否應該接受急救？首先，我們應先了解，所謂急救，是在非常緊急的情況下，所採用的侵入性醫療方法，目的是使病患能夠繼續維持生命的跡象，較常見的急救做法，有插管、打強心針，或是採用電擊器等。

基於親情不捨及道德問題，多數的人會同意院方採取急救措施。但是急救，一定救得回來嗎？大致來講，如果是對心臟疾病患者或是溺水的人，施以維生急救，通常是可以挽回生命的。如果是衰老、癌症末期或是重症患者，病人的體力、氣力，已呈現氣若游絲，在這種狀況下，是否還需要急救，則值得再三斟酌。

聖嚴師父曾指出，面對死亡的基本心態是：「不要貪生怕死，也不要等死，而要準備著死亡的來臨，只要還有一口氣在，就要好好珍惜生命。即使是癌末病人，也要用修行的態度，感恩報恩，與每個人歡喜結善緣，而不是坐困愁城等死。」

因此，基於人道的立場，如果知道病人恐怕無法再好轉了，醫生也宣布是最後時刻了，建議不需再做無意義的搶救，否則僅是徒增病人身心及精神上的痛苦罷了。已走到生命邊緣的病人，需要的是生命尊嚴和安詳往生。現今各大醫院的安寧病房，爲了尊重病患自主權，都會詢問癌末病友事先簽立「不施行心肺復甦術同意書」。這對病患及家屬來講，不但可避免急救時的茫然無措，也能事先做好心理準備，爲臨終者祝福。

此外，建議大家平時可先預立遺囑，把自己的最後一件大事交代清楚，哪天無常發生，可讓家人有個依循的方向。也要適度認識生命教育，最好能把生死大事，列入家庭平時溝通的話題。

最重要的祝福——助念

人在面臨死亡時，通常會非常恐懼害怕，不知道死往何處去，或者因心願未了，產生遺憾和執著，有的人則會出現喃喃自語或者驚嚇的現象。佛教的助念，是引導往生者「隨念」往生他處的方式，予以救濟，希望藉著佛法的開導，以及大眾念佛的力量，引導往生者走向光明的道路。

站在關懷的立場，面對意識模糊或是呈現彌留狀態的人，還是把他當作意識清楚的人，給予佛法知見的開導，幫助臨終者建立信心，勸請他把身體的罣礙放下，把病痛交給醫生，把生命交給佛菩薩。阿彌陀佛是大醫王，如果今生的業緣未了，一心念佛，可使身體早日康復，如果業緣已盡，念佛則可與阿彌陀佛的本誓願力相應，往生西方佛國淨土。

至於未完成的心願，可由家人向臨終者說明，將會協助處理，請當事人將萬緣放下，不要罣礙，求生佛國淨土。

「信、願、行」是往生西方的重要資糧，也就是相信有西方佛國淨土，願意往生，並且至誠懇切地念佛，達到一心不亂，如此，必可蒙佛菩薩接引。

家屬能給往生者最大的幫助，是為往生者助念。不論往生者是否具有宗教信仰，都可透過念佛為他安定情緒。當家屬在蓮友帶動的聲聲佛號中，整體氣氛宛如在寧靜、祥和的西方淨土中。這是由於佛號聲會產生一種安詳的力量，對於往生者或是處於彌留狀態的臨終者，心也會安定而跟著大家念佛，也就為

往生者引領了一條前往西方佛國淨土的道路。

特別鼓勵家屬能夠參與念佛，這對往生者的幫助是最大的。若是時間或者環境條件不允許，例如在深夜，或在加護病房，助念蓮友一時無法前來帶動念佛，家屬可藉由念佛機或播放錄音帶，跟著虔誠誦念，助念祝禱的效果是相同的。

為臨終者或往生者開示

人死亡以後，鼻息雖已斷，通常神識仍會執著身體，一般是在死亡八至十二小時之後，才會逐漸離開身體。

在神識尚未離去之前，對往生者是最痛苦的時刻，卻也是最重要的時刻。因爲此時的反應，將會影響往生者未來的去處，所以佛教很重視臨終時的佛法開示，藉此幫助臨終者或往生者，體會緣起法的宇宙人生眞理實相：「苦、空、無常、無我」，放下萬緣，提起正念，往生佛國淨土。

根據《觀無量壽經》所說，阿彌陀佛在最初發願時，曾開殊勝方便：雖十惡五逆之人，於臨命終時，若遇善知識說法安慰、教令念佛，令聲不絕，具足十念「南無阿彌陀佛」，即得往生淨土。這就是爲臨終者開示的意義和目的。

聖嚴師父在《生與死的尊嚴》這本書中也提到，人在臨命終時，是最徬徨無助的，如果他尚未信仰三寶，也沒有信仰其他宗教，不知道一口氣不來之後會到哪兒去？何去何從？對世間的事，牽牽掛掛、放不下、捨不得、離不開；對於未來的前程，茫茫然不知何往，因而恐懼、憂愁、害怕。在這種情況下斷了氣，因爲貪戀、恐懼、瞋怨、不平，會讓他們再生到人間的機會很少！因此，不論臨終的人神識清楚與否，開示佛法是太重要、太有用了。

尤其爲往生者授三皈依，可幫助往生者作意：「自己已經成爲三寶弟子，一定會有佛菩薩來救我、助我、接引我，應該放下萬緣，求生西方佛國淨土。」只要這個念頭一生起，根據《無量壽經》所說，至少能夠往生西方下品下生的蓮花，這對往生者來講是一項大救濟，比什麼幫忙都有用。

開示，則是指出家法師說法，不過有時因緣不同，也可能是由助念團的悅眾菩薩、居士，爲臨終者或往生者說法。不論對方的神識是否清楚，都要做簡短的佛法開示，即使已經斷氣，在生理上屬於死亡，但神識卻可能認爲自己還活著，同樣也需要為其說法安慰。從佛教的看法，往生者的感應力非常敏銳，因此，家屬的心念對往生者的影響是非常大的。

善待遺體，誠心送行

人往生以後，正是面臨下一生何去何從的重要時刻，如何正確處理遺體，並且幫助往生者提起正念，也就非常重要。

面臨家人往生，必然會造成家屬極大的哀慟，但為了讓往生者能夠安定地隨著念佛，家屬應避免於往生者面前嚎啕大哭、呼天叫地等情緒失控的舉動。

之前提到，往生者剛斷氣時，雖已沒有了生命跡象，但神識則可能停留八至十二小時後才脫離。為了避免往生者因劇烈痛苦而產生瞋心，此時若在家中，最好不要移動遺體，就是保持往生時的姿勢，也不必急著為往生者更衣或淨身。家屬只要一心念佛，先為往生者蓋上往生被，接著以佛法來開導他，勸他放下萬緣，並且肯定他這一生的善事功德，讓他能夠心開意解、離苦得樂，充滿希望與光明往生西方佛國淨土。

如果在醫院往生，不論是在加護病房或普通病房，通常醫護人員需做一些基本處理，因此可能移動往生者的身體。此時，家屬和醫護人員可在一旁開導，勸往生者不要罣礙執著，並讓他知道，醫護人員所做的身體處理是基於善意，勉勵往生者抱持感恩心來接受，切勿因此起了瞋心。

至於為往生者蓋往生被的意義，是因為中國民情認為，在往生者身上覆被蓋物，代表生死兩別和對往生者的尊重。而佛教的「彌陀被」或「往生被」，則是為了莊嚴往生者及安定家屬，還有另一種功能，是幫助發心助念的菩薩攝心、專心，在安定祥和的氛圍中為往生者念佛。

有關民間燒冥紙、拜腳尾飯等習俗，基本上可說是移情作用，將人往生以後的世界，想像成人間的延伸，視死如視生。從佛法的觀點，這些燒化的紙紮物，幽冥界眾生是受用不到的。從環保的角度來看，燒紙庫錫箔，則會造成紙張浪費和空氣汙染。另外，民間信仰中的拜腳尾飯，則是從「人死即鬼」的風俗演變而來。在佛教來講，鬼道眾生，身在地獄受苦，如果把往生者當成了鬼，讓其吃飽，走向地獄，這在邏輯及情感上是互相矛盾的。

爲往生者做佛事的重點，應當是消除往生者的煩惱執著，讓他能產生信心，離苦得樂，往生佛國淨土。

往生者與家屬都需要關懷

對大多數人而言，面對親人死亡，無論是在何種情況下往生，家屬在情感上都是難以接受的，因此適當給予佛法的關懷與慰問很重要。透過佛法的開導，可幫助臨終者或家屬面對並接受死亡，甚至走出對死亡的恐懼，而對未來產生積極的信心。

關於家屬驟失親人的傷痛，除了慌亂、不知所措，往往也伴隨許多情緒反應，例如悲哀、焦慮、無助、困惑等等，甚至會產生呼吸急促、失眠、食欲障礙、心不在焉、坐立難安、退縮等生理及心理現象。此時，蓮友關懷的重點，在於了解家屬的需求，協助指導他們進行佛事。宗教的引導很重要，要讓家屬認識佛法對於無我、無常、空的緣起觀念，以及三世因果觀，使家屬對未來產生信心。

更重要的是，陪伴他們走過這段傷痛的日子，聽他們分享已故親人的一切。

如果因緣允許，可以進一步鼓勵他們參加念佛、一起來做義工，或是參加各種共修活動，以紓解或轉換悲傷的情緒。

當然，擔任慰問關懷的菩薩，必須要能夠身心穩定、具有同理心，能以關心、接納、尊重的態度來傾聽往生者家屬的需求，主動引導家屬傾吐內心的感受，而給予適當的關懷。切記，絕對不要流於形式上的說理，或是給予建議、分析，這些都應該避免。還要避免陷入家屬的悲傷情境之中，我們要做的是關懷、傾聽與陪伴，而不是和對方一起陷落悲傷。

輯二

師父和我們

二〇〇〇年，我有因緣到美國紐約參加師父在象岡道場主持的禪四十九。師父在開示中說：「森羅萬象都在放光說法。放什麼光？放『慈悲智慧的光』；說什麼法？說『無常、無我、空』的緣起法。」

初發心中看見佛陀

非常歡喜在此殊勝法緣下，我們大家齊聚於象岡道場舉行北美年會，共同凝聚向心力，繼續展現慈悲與智慧的生命力。

法鼓山與美國的因緣非常深厚，法鼓山的發祥地就在美國。一九七五年，聖嚴師父自取得日本立正大學博士學位，隨即來到美國，並在紐約創建生平第一個道場，也就是東初禪寺。此後經二十餘年，另於紐約上州創建象岡道場。一九七七年底，回到臺灣的師父，則先是以中華佛教文化館及農禪寺為基礎，由於參與信眾愈來愈多，場地逐漸不敷使用，才有日後創建法鼓山的因緣。

自一九八九年法鼓山創建以來，海內外各地護法組織隨之成立，包括北美在內，大家均因認同師父的理念，或從住家，或以辦公處所，成立最初的共修據點，不僅修學佛法、護持佛法，也在弘揚佛法。事實上，學法、護法、弘法，就是在擊法鼓。用法鼓山的理念，幫助自己減少煩惱，將煩惱念轉爲清淨念，也用法鼓山的理念，幫助他人減少煩惱，離苦得樂，開發智慧，便是在擊法鼓。

法鼓山這個團體，是因創辦人聖嚴師父有感於「佛法這麼好，知道的人這麼少」，因而以分享佛法為畢生心願。又從當年佛教的艱難情勢，師父體認唯有透過教育，才能使佛教薪火代代相傳，所以提出了「今日不辦教育，佛教就沒有明天」的主張。師父辦教育的著眼點，除了建僧，凝聚清淨、安定、和樂的出家團體之外，對於護法居士的慧命滋養也同等重視；僧俗四眾共學共修，實踐、推廣法鼓山的理念，是師父對我們的期待。

師父圓寂已近三年，然而師父的教導一直都在。我要在這裡與大家共勉：「從心出發，保持初發心，初發心便成正覺。」隨時隨地回到初發心，保持最初跟隨師父學佛、參與法鼓山的那份發心：以慈悲來關懷人，而以智慧來處理事，彼此和樂同生活，尊敬相對待。經常回到初發心，也就是回歸到佛陀的本懷了。我們可以說，一時的初發心，保持恆常的時時刻刻，就會看見佛陀。

今天從北美各地回來參與年會的菩薩們，我們大家都是同一個生命共同體，共同推動法鼓山理念的願心。然而在推動理念的過程中，難免會遇挫折，難免會有意見的不同。遇到這種情況，請大家要練習心靈環保，凡事正面解讀，逆向思考，把一切人事物，都當成是修福修慧的資糧，用感恩心接受順逆緣，用報恩心奉獻結善緣，這就是菩薩道的實踐。

再次感謝所有護法菩薩的護持與奉獻。護法居士是師父經常感念的法鼓山之寶，從過去、現在到未來，這份珍寶，永遠不會改變。

（二〇一一年）

隨機善巧的教化

聖嚴師父常開示我們，他與一般人相同，也會經歷生老病死的歷程；但是師父面對人生的態度卻很不同，他把一生當成是實踐佛法的生命歷程。師父從小沙彌開始，只要對佛法有一點體會，便迫不及待想與人分享，事實上這就是一種布施，也是慈悲。幫助大眾離苦得樂，即是悲智的佛法，眞正回歸到佛陀的本懷。

生命的起承轉合

一般人在寫文章時，都講究「起承轉合」，今天我的分享，也從佛法的角度來談人生的起承轉合。

所謂「起」，就是生命的緣起。在修行過程中，我們必須要有道器，那就是父母給予我們的肉體生命。因此，我們必須尊重生命。

「承」是承擔生命，也就是發揮生命的價值。不論在家眾或是出家眾，我們在生命過程中扮演任何角色，都不妨看待為莊嚴生命的過程，盡心盡力、盡責盡分，終生學習、終生奉獻。在待人處世中，每一個起心動念和言行舉止，都當成是幫助我們轉化的過程，使我們生起出離心，發起菩提心，這也就是「轉」了。

「轉」就是淨化生命。法鼓山的理念是「提昇人的品質，建設人間淨土」。淨化人心，無非就是希望提昇人品，把佛國淨土的理念在人間落實。而淨化生命的目的，是為了圓滿生命。用有限的肉體生命，來完成永恆的智慧生命，這就是學佛人生的起承轉合。

第一次跪拜，「和」在心中

我在學佛以前，曾經接觸民間信仰。剛開始接觸時，對宗教雖不至於排斥，但要像其他人那樣虔誠禮拜，總是感到有些猶豫，放不下身段。不過有一天，我突然很自然地拜下了，當時心中出現的念頭是一個「和」字。從當時的親友身上以及媒體的報導上，我發現許多人在順境時，往往能夠和氣相處，但是只要一有摩擦，或是產生利益衝突時，就難以和平相處，或導致不愉快。有感於當時社會周遭的氣氛，使我在拜下之時，心中只有一個「和」字，祈願大眾平安和合。

當時我對打坐完全不懂，結果在家一坐便產生氣動，身體不停地晃動，頭也跟著甩動，好像要飛出去似的，於是趕緊作罷。隔天，和一位朋友到臺北雙溪一間寺院去拜見他的師父。住持跟我們見面以後，對我說：「你去農禪寺打禪七。」在那之前，我並不知道有個農禪寺，也沒有聽過聖嚴師父的大名。

一九八七年底，我第一次到農禪寺，並請了一本《正信的佛教》回家。從此之後，每年新春我都會到農禪寺走走，通常是買書，順便供養護持。直到一九九一年三月底，我決定辭去職場工作，想要好好「調心」，才經常親近農禪寺。

大雨留人，出家因緣

我出家前的最後一份工作，是受同學父親之託，在一家衛生紙工廠幫忙，擔任總經理助理，負責物流及倉儲管理。最初只須幫忙一星期；但是四星期之後，同學的父親又問我可不可以長期留下來幫忙？結果，我在這家公司工作了大約四年。現在法鼓山所用的衛生紙，就是由這家公司護持的，前後已有十多年，這也是先前種下的善因緣。

由於工作中曾因督導不周而自責，心中甚是慚愧，也覺得心裡有很多的生命疑問，覺得應該好好面對和調心，因此便辭職了。

辭職以後，剛好收到法鼓山基隆辦事處禪訓班招生和各種活動訊息。以往我對不太熟悉的活動很少參與；但那時因為有調心的想法，於是報名了朝山活動。活動當天傍晚，法鼓山園區下起陣陣大雨，因此取消朝山的行程。當時山上只有一座觀音殿，所在位置就是現在法鼓山園區的祈願觀音殿。當時的觀音殿腹地很小，停車場就在戶外的小花園，大型遊覽車在此進出非常困難。

當我們準備下山時，其中有一部遊覽車，因為多次倒車導致輪軸脫落，無法動彈，正好擋住我的自用車，結果只好留在山上過夜。那天晚上，二位法師來關懷我，聊到我多大年紀了、從事什麼工作、結婚了沒有等等。我回答說，剛離開職場，想要好好調心。他們又問我有出家的打算嗎？我當下也沒多想，便反問道，如果要出家，需要準備及注意什麼？這是第一次談起出家的事。

奉獻我們自己，利益成就他人

在法鼓山學習禪修，通常是先參加禪訓班，再參加其他禪修活動。但我的經驗卻是相反，是先參加禪三，再上禪訓班。大家可能覺得奇怪，已經參加過禪三，怎麼還回頭上禪訓班呢？那是因爲我沒有禪修的基礎，所以打禪三對我來說是非常痛苦的經驗，尤其是腿痛，從第一天痛到最後一天。我還記得第三天的最後一支香，剩下最後五分鐘時，我用眼睛餘光看了方墊上的手錶三次，心想五分鐘怎麼這麼久？因此結束以後，我決定報名禪訓班，從頭學習禪修的觀念和方法。有了禪修的方法，加上懂得放鬆，便覺得三十分鐘過得很快，對於腿痛也不那麼在意了。

雖然我參加禪三的過程是辛苦的，但是收穫非常豐富，也生起了皈依的念頭。以前凡是有人勸我皈依，我總是說，只要心好就夠了。但是禪三結束之後，覺得自己再不皈依，在農禪寺就像是個陌生人。同年七月，我在農禪寺皈依三寶，由聖嚴師父主持，並開始參加各種義工活動，接著在年底報名了禪七。

那時，農禪寺的禪七（一年兩次）報名的人很多，錄取名額有限。有人告訴我，你是第一次報名，不會錄取的。我說，凡事總有第一次，結果幸運地被錄取了。禪七期間，我在小參時請示師父：「打坐時如何使臀部與雙膝三點著地？」因爲我的體型寬大，膝蓋碰不到地，不知怎麼辦。師父只給我兩個字：「難啊！」我覺得師父是在激勵我，所以在心中告訴自己：「難行能行，難忍能忍，我就慢慢練習吧！」

那次禪七，師父開示的主題是「菩提心」，我的印象特別深刻。師父說：「菩提心是奉獻我們自己，利益成就他人」。我認爲這是非常有意義的事，可是我們往往太在意別人的看法，以至於該做的事，遲遲不敢付諸行動。例如親近農禪寺以後，有人鼓勵我當勸募會員，但我想到如果去募款，會不會讓人以爲我有私心？所以沒有採取行動。這就是師父所說的，很在乎別人的看法。

師父又說，勸募主要是勸請大家來學佛，接引更多人學習佛法，把佛法推廣出去；募來的金錢不是師父要的，而是爲了建設道場，藉由道場來推動「提昇人品、淨化人心；建設淨土、淨化社會」的事業。師父的開示讓我非常受用，等到禪七結束之後，我也發願擔任勸募會員了。

禪七結束後一週，我有了出家的念頭。一九九二年參加「清明佛七」圓滿以後，我告訴自己不能再等，要趕快出家，可以接引家人來學佛。當時農禪寺的男眾法師非常少，我想出家以後，至少師父身旁就多一位男眾弟子，這也是我想出家的助緣。

當時我母親已經受了五戒，對於我打算出家的事，她的回答眞令我感動！她說：「如果你要出家，那是我的福報。」但是，父親和兄姊都持反對意見，父親甚至說：「我們余家人是從來沒有人出家的。」意思是說，出家不是件光采的事。我知道要馬上轉變家人觀念不容易，只有對父親說：「我的出家，日後會讓你覺得光榮。」其實，我與家人的互動一向很好，他們反對是因爲捨不得。最後，他們都尊重我的決定，父親還問我：「你出家要帶多少錢去？」我說：「師父說出家不需要帶錢，但要把金錢的問題處理好再進僧團。」因爲金錢問題沒處理好，出了家還可能起心動念，還以爲有後路可走，就不會決心好好出家修行，弘法利生。

抱著下地獄的決心出家

出家前我也曾有疑慮，「我想出家，到底是正念還是妄念？」於是將師父的《戒律學綱要》中〈出家的意義與目的〉重讀一遍。師父在書中提到，「出離心」是為了脫生死，但是只有出離心還不足以成佛，必須發起廣度眾生的「菩提心」，這才是出家的意義與目的。這讓我更堅定了出家的願力。我尤其認同法鼓山的理念、精神、方針與方法，又深受師父弘揚佛法的寬弘氣度與遠見所感動。

一九九二年七月，師父從美國返臺，當時的代理都監法師便帶我拜見師父。師父告訴我：「出家要抱著下地獄的決心，才可能身心處在天堂或佛國；如果是為逃避現實或者享福的自私心態而來，結果一定是身心感受如地獄。」師父也說：「你的年紀已經不小，不要想著要念佛學院、研究所，待在僧團就足夠你學習了。」師父是在幫我做好心理建設，希望我好好留在僧團學習。過了一年，僧團開始規定，出家的年齡限制在三十五歲以下。我進入僧團那年已經三十八歲；也就是說，如果再晚一年，我就無法出家了，這真是難得的因緣。

我擔任行者一年後，便在一九九三年九月十五日於農禪寺剃度。剃度前一個月，我接下的執事是擔任師父的侍者。有一次，師父要到中華佛教文化館附近開會，指示我走溫泉路，到了文化館以後，把車停在二樓的車道旁。我雖然聽到了，但是上路以後，心裡卻猶豫著，如果走單行道的溫泉路，到文化館路程較遠，若是改道從文化館前面到停車處是逆向行駛，但距離較近，所以我便直接行駛近路。師父發現以後，對我說：「果東，我不是叫你走溫泉路嗎？」我正要解釋，師父馬上厲聲地說：「不要跟我說！」我馬上回答：「師父，對不起！」接著師父只說：「下次知道了。」

師父開會的那段時間，我的內心眞是澎湃洶湧，想到自己擅作主張而被師父罵了，又想著以後不管遇到什麼事，該請示就要請示，不要一直藏在心裡。等到師父開完會，回到文化館時，師父大概看出我心裡有事，便非常慈悲地對我說：「果東啊，我們回去了。」語氣非常柔和。當我還在爲犯錯懺悔時，師父馬上就來安撫我的心。這次的經驗讓我學習到，心中有任何疑問，當下就要請示或溝通；或者就把罣礙放下，不要鑽牛角尖，避免自尋煩惱。

在行者期間，我在工程組領執，工作內容就是負責聯絡水電、工程修繕和新建事務。當時師父在早齋開示時也曾對我們說：「在團體之中，有任何的想法或意見可以提出來，提出以後，不管有沒有被採用都要放下，心裡不要有罣礙。放下並不等於放棄，以為已經沒我的事，後續都不管了。放下是放下自己的執著心，但是下次有好的意見，還是要提出來，不能因意見沒被採納而氣餒。」

出家前，我的個性很強，遇到事情溝通不順暢時還會與人反駁，出家之後，脾氣已經慢慢改善，變得柔軟了。此外，我剛出家時，師父以健康的因素希望我減重，第二年師父從美國回來，看到我比較瘦了，還關心我身體好嗎？其實除了刻意減重之外，僧團的作息也是一個意外的附加效果。

出家之後，我給自己訂一個功課，那時農禪寺的作息是清晨四點十分起板，我通常三點半起床，就到大殿拜佛、背〈楞嚴咒〉。進入僧團之前，我曾經在中華佛教文化館參加共修，有一次大眾持誦〈楞嚴咒〉，我看著經本還跟不上大眾的速度，於是發願要將〈楞嚴咒〉背熟。四個月之後，我真的將〈楞嚴咒〉背熟了。

推動佛化臨終關懷與奠祭

一九九五年，我擔任師父的侍者，正月初四當天，中國佛教會在新店能仁家商舉辦新春團拜，師父也到場出席。就在師父與長老們談話時，當時都監法師與我談起助念團一事。當時助念團的輔導法師是女眾法師，都監法師說：「有時晚上接到助念申請，女眾法師要做關懷多少有不便之處，如果由男眾法師來擔任如何？」我回答：「如果考慮到晚間關懷的安全性，男眾法師確實比較合適。」他接著問我：「你來擔任怎麼樣？」

等到團拜結束後，師父問我：「果東，都監法師有沒有跟你談啊？我相信你一定可以做得很好。」當時我沒有其他念頭，只有感恩師父及僧團給我學習的機會。師父曾經開示：「僧團賦予任何人任何執事，都要把它當成是神聖的職責，要發願去學習承擔。」所以我很自然地表達意願，也感恩僧團給我學習的機會。

承接助念團輔導法師後，我開始到各地關懷了解。由於早期加入助念團的居士並不多，但做的關懷是二十四小時不停歇，這種運作方式，已經影響到助念居士們正常的生活作息，因此在衡量人力資源不足的情況下，重新調整了關懷的運作方式。另一方面，我也想到，如果居士們無法在夜間給予及時關懷，至少要有配套方法讓往生者的家屬可以自行助念。在這樣的考量下，法鼓山的《誦念關懷儀軌》手冊及念佛、誦念關懷錄音帶，也就陸續推展出來。

那段期間，我們同時開始推動佛化臨終關懷和佛化奠祭。以往大眾對佛教的印象，不離誦經念佛，佛教告別式的現場，也往往因加入披麻帶孝、燒紙錢等民間習俗，使大眾對佛教告別式的認知混淆不清。有鑒於此，我們重新思考如何把正信的佛教推廣出去，但又不會影響到民間信仰。師父曾說，民間信仰自有它形成的因緣，我們的目的是把佛法的精神與內涵推廣出去，不鋪張浪費，簡化繁文縟節，重視環保，掌握簡約、溫馨、莊嚴、肅穆、祥和的氛圍。所以進行關懷時，必須要與家屬做好溝通。

「關懷」有許多方式，如果家屬與我們的理念相符合，我們就去帶動，若因緣不具足則不勉強，不要讓我們的關懷成爲家屬心中的負擔。我經常與居士們分享，儀式的隆重不在排場，而在大眾的參與感，我們要掌握原則，眞誠關懷，但是表達要柔軟，處理要圓融；原則之中要有彈性，每個人的需求不同，與家屬事先溝通很重要。

師父再三叮嚀我們，法鼓山辦任何活動，一定要具有關懷的目的和教育的功能。在法鼓山建設的過程中，因爲助念關懷而得到護持，也是很重要的因緣。有人說，我們去做關懷，對方不見得會護持。這時我會分享師父的開示：「要以清淨心去做關懷。」重要的是把關懷做好，把理念推廣出去，讓大家知道佛化奠祭的理念和做法，對方是否護持法鼓山不是重點，假使有人從佛事中獲得感動，自然就會護持佛教。

森羅萬象都在放光說法

從一九九五年至二〇〇〇年，我在助念團獲得很多學習經驗。二〇〇〇年，我有因緣到美國紐約參加師父在象岡道場主持的禪四十九。師父在開示中說：「森羅萬象都在放光說法。放什麼光？放『慈悲智慧的光』；說什麼法？說『無常、無我、空』的緣起法。」以象岡爲例，有天午後下起雷雨，園區中有棵大樹就在雷電之中轟然倒下，部分電線被扯斷，造成停水停電。那天夜裡，緊急調度一輛大卡車把大樹載走。到了第二天，電路也修復好了，一切恢復正常。

師父開示說，這就是「緣起、無常、無我、空」，一切因緣隨時都在變化，修行也是一樣，如果我們不能體會「因緣是無常、無我的空性」，而心生執著，是在自尋煩惱；對修行人來說，每個起心動念，都是在幫助我們體驗無常、無我，如果沒有這種認知，就會產生無明煩惱與罣礙。

感恩有學習承擔的機會

從美國回來以後，我接任護法總會的輔導法師，日後擔任僧團男眾副都監。這麼多年下來，我的修行主要是在日常生活中，與護法居士們的互動中覺察自己的身、語、意三業，調整、懺除自己的習性。二〇〇五年五月，師父指示我到紐約參加象岡「默照禪十」。那次禪修對我的幫助很大，讓我對「心、佛、眾生三無差別」這句話有更深的體悟。眾生常常生起無明煩惱，但仍具有清淨的佛性，只要一念清淨，就與圓滿智慧的佛性沒有差別。我也體會到，當有人在煩惱之中，被煩惱困住時，我們應該反省自己是否能夠學習去包容對方，而不是抱怨、數落或做出一些不體諒的行爲。我想到的是，已經起煩惱的人，假如自己幫不上忙，至少可以學著去體諒他，隨時起善念，爲對方祝福。師父說過，即使罪惡再深重的人，我們還是要起善念爲他祝福，祝福他早日改過，從此多做一些好事。

二〇〇六年八月三十一日舉行的法鼓山僧團大會，通過聖嚴師父指示、僧團所擬定的「法鼓山方丈敦聘辦法」，師父並對僧眾開示：「誰都不要動念頭，最好不是我；也不要動念頭，應該是我吧。僧團與師父賦予的任務，不論是誰，都應該發願學習承擔。」師父接著在僧團大會公布提名新任方丈人選。當時我心中只有默念觀世音菩薩，感恩僧團讓我有學習承擔服務的機會。

九月二日，法鼓山第二任方丈接位大典圓滿，師父非常慈悲，當天就讓我住進方丈寮，他老人家則搬入貴賓寮暫住，甚至在齋堂中，中間的主位讓與新任方丈，師父則隨眾、入眾，坐於大眾席間。師父的用心，就是要把僧團制度建立起來。

爲了使我及早進入狀況，師父親自帶我認識方丈寮環境，並且教導我如何

戒定眞香

做好方丈的本分。師父告訴我心胸要廣大，眼光要深遠；又幫我打了預防針說：「將來一定會有人拿你與師父比較，你不必擔心，只要請大家不要考你就好了。」過一陣子，師父又提醒我要主動到各地了解、做關懷。二〇〇七年，我到新加坡關懷返回臺灣，師父正在醫院檢查，就在加護病房慈悲指導我，告訴我如何應對進退，不攀緣不必要的宴會，不做無謂的應酬，適時出席活動則是必需，要用佛法利益衆生，從關懷中接引大衆。

這一路走來，眞的很感恩師父！

願願相續，燈燈相傳

我相信僧俗四衆弟子都很感念師父的教導，尤其是在師父圓寂之後，護法居士所展現的「願願相續、燈燈相傳」精神，讓我們點滴在心頭。師父在圓寂前曾開示，法鼓山這個團體是以理念領導，只要法鼓山僧俗四衆，能夠秉持法鼓山的理念、精神、方針和方法，並且結合內外資源、掌握社會脈動，就可隨時順勢而爲，應時而生，經常開創新情勢，帶來新風氣與新局面，這是我們大家要共同努力的。當然，團體向前走的時候，在穩健成長與突破創新之間，往往必須經過許多討論，以便達成共識，雖然團體仍有許多成長與進步的空間，但只要我們同心協力、凝聚共識、腳步踏實，一定會愈來愈好。

（二〇一〇年）

無盡身教，自在說法

今天是九月十三日，距離恩師聖嚴師父二月三日捨報圓寂，正好是兩百二十三天。其實，師父從來沒有離開過，因爲師父的法身舍利、智慧遺教、慈悲行跡，一直都在；在師父著作中、在全球各地的法鼓山道場、在諸位實踐法鼓山理念的菩薩身上。對我來說，每一位曾經領受師父教法的僧俗四衆，都是師父精神的延續，這是師父留給我們最珍貴的無盡身教。

師父的一生是實踐佛法的歷程，在人生落幕的最後一程，更具體實踐了佛法「空」的眞諦。師父的遺言中交代：「不發訃聞、不傳供、不築墓、不建塔、不立碑、不豎像、勿撿堅固子」，而其色身火化後，植存於法鼓山上的金山環保生命園區。如此示現，正如師父遺言末後說法的四句偈：「無事忙中老，空裡有哭笑，本來沒有我，生死皆可拋。」

猶記得今年（二〇〇九年）一月十五日於臺大醫院病房，僧團向師父報告圓寂佛事規劃與過程時，曾請示是否開放瞻仰法相？師父原是一派瀟灑脫表示不予考慮，後經弟子懇請，說明爲撫慰大衆心中不捨，讓海外人士也能有機會致意，如此才說動師父開放法相瞻仰，不過師父也指示，兩天後立即火化。

而在聽取僧團說明之後，師父甚至滿心歡喜地說：「好莊嚴啊！你們眞用心。」這發自內心的讚歎，不禁讓我想到如果有一天，當我們的人生任務即將圓滿，由親友來說明佛事時，我們是否也能如此坦然，也能說聲：「好莊嚴啊！大家眞用心。」

十三天的莊嚴佛事，正是一堂圓滿的生死課堂，也是聖嚴師父色身在世間的最後一堂課。

如今，下課了，師父的色身化作春泥，植存在法鼓山上的金山環保生命園區。從事相上，師父好像什麼都沒有留下，其實師父所留下來的「法」與無盡的身教，卻是珍貴而無盡深遠。有許多人即因師父的植存，體認死亡是生命的必然過程，也打破對死亡的恐懼與禁忌，更積極投入現實人生，奉獻自己，成就他人。短短幾天的莊嚴佛事，就讓人受益無數，又何況是師父的一生呢？

持續內化心靈環保理念改善社會風氣

因此，法鼓山佛教基金會與聖嚴教育基金會共同舉辦這場「無盡的身教——聖嚴法師最後的一堂課」座談會，目的就是希望透過天主教臺灣地區主教團榮譽主席單國璽樞機主教、玄奘大學宗教學系系主任昭慧法師、臺北大學社會工作學系副教授楊蓓菩薩、中央研究院歐美研究所所長單德興菩薩等社會賢達，將聖嚴師父捨報示寂及身後佛事的過程中，所蘊含的法義、價值及影響，經由宗教、文化、修行及社會學等不同觀點，深刻傳達給社會大眾。

虛空有盡，我願無窮。過去，聖嚴師父經常說：「今生做不完的事，願在未來無量生中繼續推動，個人無法完成的事，勸請大家來共同推動。」未來，我們將彙集各界社會賢達的觀察與探討，將師父提倡的理念，包括師父示現的最後一堂課，整理成社會教育、生命教育與「心靈環保」等相關教材；並運用媒體傳布，提供各界參考。衷心企望師父所倡導的「心靈環保、禮儀環保、生活環保、自然環保」等四種環保，即是每一個人生活的寫照，願大家都從自己的人品提昇做起，進而完成人間淨土的實現。

（二〇〇九年）

師恩如炬，燈燈相續

兩年前的二月三日，我們敬愛的聖嚴師父捨報示寂，大眾在這裡以報恩念佛、發願供養師父。去年（二〇一〇年）此時，我們以「願願相續、燈燈相傳」，感恩、緬懷師父的教澤；今年，我們再聚一堂，雖然心中仍有不捨，但我們已更明白：感恩必須報恩，是師父為我們開創了這片人間淨土，讓我們有法可循、有福田可種，而生命有了依歸和方向。

如何回饋師父的教導？那就是將佛法的明燈永傳於世，這也是師父圓寂週年所以稱為「法鼓傳燈日」的寓意所在。

師父一生念茲在茲的，是佛法的弘護和眾生的道業。兩年來，法鼓山僧俗四眾不辱師恩，從各事業體、基金會，到海內外分支道場，無不努力實踐師父的教導，從推動理念的過程中，展現團體和合、活力的氣象。

從「心靈環保」、「心五四」、「心六倫」等生活實用佛法，到融會各宗所開創的「中華禪法鼓宗」，都是師父承先啓後開展的智慧。又如諸位手上所捧的這盞燈，燈缽上的〈菩薩行〉詩偈，也是師父的教導。這是一九九〇年十二月十三日，師父在美國親筆寫給僧眾的一段勉勵，現在謹以這首詩偈供養大眾，且讓我們彼此共勉。

如何成佛道？菩提心為先。何謂菩提心？利他為第一。
為利眾生故，不畏諸苦難。若眾生離苦，自苦即安樂。
發心學佛者，即名為菩薩。菩薩最勝行，悲智度眾生。

佛法在人間。從兩千六百多年前，釋迦牟尼佛在鹿野苑初轉法輪至今，歷經了無數世代的法脈傳承。所傳的，不僅是有形的法卷，更是與佛相應的無形心法。自從佛陀點亮世間的智慧明燈以來，接著因有歷代大德的傳承與弘揚，使得佛法明燈永續不滅。現在，師父已爲我們點亮這盞燈，當我們承接了這盞明燈，都應當發願，讓這盞燈照亮自己，更要讓明燈傳承下去，這才是對師父最好的報恩與供養。

發心學佛者

願時時提起師父的教法安己安人、安樂眾生，願處處體驗知福知足有幸福，感恩奉獻眞快樂。

（二〇一一年）

師父悲願，法鼓精神

感恩有這樣的善根福德因緣，我們大家共同凝聚在這個團體，繼續秉持創辦人聖嚴師父的悲願與理念，讓大悲心起，願願相續。

以實際行動回應社會期待

師父圓寂後，社會對法鼓山的重視與期待依然不減，同樣地，我們對社會的服務與關懷仍舊不變。

例如八八風災災後救援，僧團法師、各事業單位以及大學院相關單位師生，乃是全體動員，並且接引許多專家學者、青年學生及社會大眾，投入救災的行列，共同協助受災民眾清理家園。在關懷的過程中，我們的信心、願心、恆心及耐心更加深刻，而為我們做典範的，正是師父一生所示現的「盡形壽，獻生命」精神。

另一方面，有鑒於二〇〇八年金融海嘯持續效應，景氣未見復甦，因此五月份，我們啓動一項「心安平安——你，就是力量！」社會關懷運動，希望大眾「在失望之中看見希望，在艱苦的環境下創造快樂，在不景氣的年代裡擁抱幸福」，這也是師父在今年年初送予大眾的新春祝福。然而，平安的力量從何而來？那就是永遠抱持希望、保持正念，並且發揮善念，用恰到好處的語言及隨喜心來幫助人。

從我們自己做起，從我們的內心眞誠分享這股善的力量，才能讓善的力量在社會各界傳遞開來。

法鼓大學培育服務奉獻的人才

我們都知道，法鼓大學是師父未完成的心願。正在興建中的法鼓大學，未來將從碩士班開始招生，在「心靈環保」辦學理念下，培養具高尙品德及服務熱忱的領袖人才，而把優秀的人才奉獻給我們的社會。

優秀的青年，究竟是如何培養的？曾經有人請教師父對於青年選讀科系的看法，應該選擇熱門科系，等同於前途保障？或是依興趣選讀，哪怕是冷門科系？

相信一般人多會選擇「熱門」科系，來自父母的期待，也是影響因素之一。有的父母，一生辛苦，好不容易栽培子女受高等教育，總希望下一代能過好日子，如有能力讀熱門科系，將來財勢名利位都有，豈不很好？但是師父指出，財勢名利位並不等於人生幸福，而往往是人生的包袱。因有這些包袱和壓力，容易使人迷失，使人喪失自主能力，也喪失了身而爲人的基本價值。

關於幸福人生，向來是古今中外哲學家不斷探索的議題。從佛教來講，幸福是從利他的願心而有，爲救濟衆生、利益衆生而不求回報，沒有個人財勢名利位的種種計較，一心只想到爲他人奉獻，這是幸福的最大保障。而從奉獻之中，個人的潛能也因此開發出來。

再回到師父對科系的建議，師父指出，所謂「冷門、熱門」，經常在變，與其依靠外在的社會取向，不如選擇自己眞正有興趣的科系。只要全心投入一段時間，不論冷門、熱門，終有開花結果的一天。

這也讓我想到，師父在日本留學期間，取得碩士學位之後，打算繼續攻讀博士學位，但是學費沒有著落，當時師父已有返回臺灣的打算，是指導教授坂本幸男博士送給師父的兩句話，讓師父繼續留下。這兩句話是：「道心之中有衣食，衣食之中無道心。」到日本的第六年，師父完成了博士學位。師父的歷程，也很值得青年學生參考。

以「心靈環保」為品牌

法鼓山是觀音道場，也是禪修道場，「心靈環保」是我們的品牌。讓「心靈環保」深入人心，並且充分應用於日常生活中，是團體的中長程目標，而弘揚中華禪法鼓宗，讓經懺佛事回歸修行意義，以及落實整體關懷，也都是我們急需要做的事。

禪在日常生活中，這是中國禪宗最大的特色。師父曾開示：「要趕不要急」，要我們學習身心常放鬆，逢人面微笑。在奉獻的過程中，若遇煩惱生起，要隨時向內觀，運用觀念來疏導，練習方法來調伏，一次一次練習，工夫就會愈來愈好。

（二〇〇九年）

一心清淨，國土莊嚴

首先感恩所有法師、菩薩大眾在法鼓山共修，圓滿這次水陸法會。

送聖，是水陸法會期間的最後一場佛事。經過這八天各壇佛事的誦經、禮懺、持咒、修齋與供養，在佛菩薩慈悲加被中，相信大家都深刻體驗了懺法滌除、淨化、悔罪與救贖的力量，也深信法界一切眾生都獲得了佛法無量無邊的利益，心開意解，往生善趣，趣向十方淨土。

今年的水陸法會共有十一壇，除原有十壇，更增加了萬行壇。「萬行壇」是法鼓山的特色，是由我們的外護法師、專職和義工菩薩共同護持成就。聖嚴師父曾經說過，法鼓山僧俗四眾，都是以萬行菩薩的心行和悲願來自勉勉人，每一位學佛人都是朝著成佛之路前進，每天都在學習如何減少自他的煩惱。師父也說，修行不只是念經、拜佛、打坐，而是要將佛法運用在日常生活中，這也就是禪法的特色，也是師父畢其一生之力，不斷教導我們的。

法會期間，法鼓山上每個角落、每個時間都有萬行菩薩的身影，他們以六度爲法門，藉事鍊心，成就大家在各壇場安心的精進修行。讓我們一起來感謝所有萬行壇的法師、專職與義工菩薩們的護持與付出，同時，也要感謝所有來參加法會的法師和菩薩們，以及所有成就這次水陸法會的一切因緣；所有成就水陸法會的因緣，都將成爲歷史的見證與紀錄。

師父爲了復興與弘揚漢傳佛教，處處秉持回歸佛陀本懷，最終目的，就是爲了讓更多人能夠獲得佛法的利益，讓每一個人進入佛法世界，從心體驗眞誠、眞正的佛法。因此，法鼓山舉辦任何法會或活動，都是從教育賦予關懷的意義，比如師父強調：「一場理想的佛事，是積極的修持化導，而非消極的經懺謀生。」今年的水陸法會其中一項特色，是各壇都有法師說法，闡釋各壇的經典論義，從聞思修入三摩地，從聽聞佛法、思惟佛法，以期深入佛慧，行佛所行、證佛所證，入佛知見。

另外，今年首度開辦了線上共修，讓遠在各地，暫時無法回到法鼓山的遊子透過網路，也能在同一時間和大家一起念佛，一同共修。幾天下來，我們陸續收到來自巴西、荷蘭、英國、中國大陸學佛人的感動，就連躺在病床上的信眾，也和我們分享親近佛法的喜悅。感恩這次難得的體驗。

三年來，法鼓山僧團秉持聖嚴師父的遺訓，讓正知、正見、正信、正行的佛法落實於水陸法會，從第一年二〇〇七年以數位科技取代傳統的燒化、二〇〇八年調整總壇儀軌作息，到今年水陸儀文初步修訂完成。水陸儀文的修訂是漢傳佛教史上一項紀錄、一個重要的里程碑，在這裡要感謝水陸儀軌修訂小組的努力和堅持。

法會是眾多信眾親近佛教的方便門，強調的是「信、解、行、證」，解行並重、行解互資，輔以六度萬行齊修，這是作爲菩薩行者的基礎，也是成就無上佛道的資糧。成就佛道是需要精進的，師父說：「精進是要發大願的，如果不發願，精進的心就提不起來」。

願，有共同的願、有個別的願。要想成佛，需要有共願。共願有四條，即大乘佛法必修的「四弘誓願」。漢傳佛法正是大乘佛法，四弘誓願的內容是「眾生無邊誓願度，煩惱無盡誓願斷，法門無量誓願學，佛道無上誓願成」，作爲大乘佛法的修行者要想成佛，就必須要發起此一共願。

別願，則指不同的菩薩有不同的願，不同的菩薩會成就不同的國土及成熟不同的眾生。有無量無數的佛菩薩，就有無量無數國土，這些國土所度的眾生，都是諸佛菩薩別願所成的。

所謂菩薩行者，是從「難行能行、難忍能忍、難捨能捨」的精神中，抱持「謙下尊上，自利利他」的態度爲眾生服務，就像千手千眼、大慈大悲、救苦救難的觀世音菩薩，忍受一切艱難困苦，只爲眾生能離苦，不爲自己求安樂。

這七天，我們以清淨、精進、少欲、無諍，共同成就這場莊嚴佛事，讓我們大家彼此感恩，感恩有此善根福德因緣，能在此因緣中同結善緣，同修無上菩提。祝福大家，一切時中恆常吉祥如意。

（二〇〇九年）

一起耕耘大福田

非常歡喜與大家凝聚一起，以感恩心、歡喜心、恭敬心，來修學佛法、護持佛法、弘揚佛法，以報恩心、菩提心，將法鼓山的理念奉獻給時代社會。

感恩聖嚴師父為我們開創這方大福田，我們除了知福、惜福，更要培福、種福。知福惜福，是為感念師恩；培福種福，則是希望大眾能夠得到法益，而用佛法來關心社會、利益他人，這就是菩提願心。

人的色身有限，卻有無窮的精神生命。師父已為我們指引生命的大方向，使我們的精神生命有了依歸，而今天大家能夠凝聚在法鼓山，必然是與師父有著深刻的法緣，因此我們更要珍惜這份法緣，從父母給予的色身生命，用來成就修福修慧的菩薩道資糧。

雖然每一個人都有善根福德，但在修學佛法的過程中，難免會遇到挫折。一般人面對順境，或許還能心存感恩，一旦逆境現前，往往心就亂了。其實，遇境而起煩惱，很正常，這是因為過去的無明煩惱習性，總以「自我」為中心，所以產生貪、瞋、癡、慢、疑等種種執著。所幸我們已經學佛，已懂得用方法來保持內心平靜，若能及時反省檢討，在佛法來講即是慚愧懺悔，能眞心發露慚愧懺悔，則清淨得安樂。

安樂自己是智慧，安樂他人、安樂世界是慈悲。我們修學佛法，除了自己得到利益，更重要的是，以奉獻心關懷周遭及社會，使得衆生皆得法益，心開意解，離苦得樂。這便是聖嚴師父所說：「奉獻即是修行，安心即是成就。」

爲什麼奉獻即是修行？因爲奉獻的前提，必須要放下自我中心，而處處想著如何利益他人。爲什麼安心即是成就？因爲安心的基礎，在於以身、語、意三業行爲清淨；三業清淨，至少不使人產生困擾，才能夠安人安己。

佛法與世法，如鳥之雙翼，並不衝突。事實上，一切的世間法，都在成就我們開發智慧、展現慈悲；一切境界，正好可讓我們學習如何來關懷人，如何來處理事。尤其遇到狀況時，好的可以繼續保持，不好的可以反省檢討。隨時察覺自己的起心動念，起煩惱，沒關係，只要超越。「難，過！」「難，行！」「難，忍！」再難，都可過、可行、可忍，這就是「正面解讀，逆向思考」。

修學佛法、護持佛法，還要進一步弘揚佛法。師父鼓勵我們發願，以奉獻利他取代私心私欲，便是發願。隨緣消舊業，惜緣修福慧，把握因緣來修學佛法、護持佛法、弘揚佛法，也讓我們一起來還願、發願，策勵未來。

（二〇一二年）

一生只做一件事

今天我們大家齊聚於此，都是爲了共同感念法鼓山創辦人——聖嚴師父。

恩師捨報至今已滿三年。師父住世時曾說：「我的一生只做一件事，那就是使佛法的好讓大家知道。」師父一生，盡形壽，獻生命，直到生命的盡頭，仍在爲著如何接引人接觸佛法，以慈悲和智慧來關懷社會、服務人類而奉獻心力。

法鼓山自一九八九年創建以來，漸漸能有現在的規模，師父向來把這份功德，視爲諸位賢達襄助及社會大衆共同成就的成果，果東在此向諸位表達感恩。

事實上農曆年前，果東曾陸續拜會各界先進，除表達感恩感謝，也就如何凝聚社會人心之向上提昇，向諸善知識請益。在過程中，深刻感受到大家對法鼓山理念的認同，聖嚴師父的法語更是許多人生命中的座右銘，讓果東非常感動。

恩師說過：「我總覺得這個世界上，只要有佛法的慈悲和智慧就夠了。」意思是說，只要佛法對人有助益，能讓大衆平安、健康、快樂、幸福，便已足夠，無須強調背後的信仰。因爲即使信仰、文化、習俗甚或國情不同，人心對於和平安定、快樂富足的渴求，永遠是一致的。

心靈環保，即是超越國界、宗教與族群的一種普世價值。「面對它、接受它、處理它、放下它」，是心靈環保，「慈悲沒有敵人，智慧不起煩惱」，也是心靈環保。

凡事正面解讀、逆向思考，少一些煩惱糾葛，多一些平安快樂，便是心靈環保。

一九九二年，恩師率先在臺灣提倡「心靈環保」，也將「心靈環保」帶向國際社會。今年（二〇一二年）是聖嚴師父倡導「心靈環保」滿二十年，也是法鼓山「心靈環保年」，誠摯邀請大家落實心靈環保，以關懷自己、成長自己，推動心靈環保，來成就他人、利益他人，讓我們的家庭、生活、校園、職場、族群與自然環境，因有心靈環保，人心更美麗，世界更美麗。

（二〇一二年）

源源活水願心來

歡迎諸位、感恩諸位參與第四屆「聖嚴思想國際學術研討會」，諸位都是學術界的優秀學者；培育人才，也是法鼓山創辦人聖嚴師父一生的責志。果東謹代表法鼓山全體僧俗四眾，感恩諸位的用心與發心，並期待接下來兩天諸位分享的智慧成果。

這次研討會，主要有三個議題：「聖嚴法師與法鼓山研究」、「漢傳佛教、聖嚴思想與當代佛教的比較研究」和「當代漢傳佛教學術發展的思考與批判」。聖嚴教育基金會執行長楊蓓老師告訴我，本屆研討會，與會學者人數及論文投稿件數，都寫下新的紀錄。共有來自亞、歐、美、非洲，八個國家，一百零六位學者參與，較歷屆成長許多。投稿的論文件數則超過百件，經過篩選，最終入選有六十二件，篩選率近五成，學術水準之高，值得讚歎。

恩師將其一生，奉獻給佛法，奉獻給眾生。住世八十年、說法四十九年的人間行腳中，與東西方社會無數人結下深厚的法緣，所產生的影響，廣大深遠。

對於大眾的接引，恩師的身分是多重的，既是禪師、學者、作家、教育家、思想家，也是宗教師和大眾的心靈啓蒙老師。此外，恩師同時具有社會運動家的身分，像是恩師提倡的「四種環保」、「心五四」、「心六倫」，都是當代社會的創新，在這次學者的論文題目中也可以看到。而恩師晚年以世界宗教領袖的身分，前往世界各地，傳遞世界和平的消息，也在各不同宗教的精神領袖心中，留下永恆的身影。

雖然身分多重，弘法面向多而廣，然而恩師的每一種身分，無一不是眾生與佛法接繫的橋梁。在二〇〇六年第一屆聖嚴思想學術研討會，恩師曾經表示：「我所做的每一件事、推動的任何一項工作，目標都是相同的，那就是藉由不同的面向，將佛法介紹給現代社會。」同年，與中華佛學研究所師生談話時，恩師也說：「我這一生所做的，就是如何使漢傳佛教與現代社會及世界佛教互通，提供貢獻，這是我一輩子做的事。」

傳承與創新，是恩師對於當代佛教的寄望，也是畢生的貢獻。今天諸位學者聚集於此，相信是受恩師的願心感動而來。對於學術研究，恩師則尚有期許，

那就是在繼起傳統的創新之上，更要「實用為先，利他為重」，將學術研究的成果，奉獻給當代社會，讓一般大眾能夠共享。

從大會資料，我看到諸位的研究主題，面向多廣，角度新穎。例如從禪法、環保、經濟、建僧、旅行書寫或人格特質來探索恩師的思想；又從經典、倫理、災難救援、有機農業，來解讀法鼓山理念及漢傳佛教的時代意義，成果相當令人期待。

最後，除了感恩諸位智慧的奉獻，我也要懇請在座的青年學者，透過研究聖嚴師父的思想、理念及弘化方式，為當代佛教提供新的創見，為人間佛法注入源源不絕的活水。

（二〇一二年）

法鼓山存在的意義與價值

這次北美年會，可說就是「法鼓傳薪」。這三天之中，大家互相交流，分享在各地推廣法鼓山理念的心得成果，相信每個人的收穫都非常豐富，也從中得到繼續往前努力的一份能量。

昨天象岡下雪了，雪花紛飛，到了今天早上，已布滿一片雪白大地。看著這片雪景，不禁想起過去三十多年來，聖嚴師父來到西方社會弘法的雪中足跡，而我們是不是也能追隨師父的願心，踏上師父的腳步呢？

師父一生，盡形壽，獻生命，不論到哪裡總是想到：「我能為這個地方奉獻什麼？帶給大家什麼利益？」對法鼓山僧俗四眾來講，這也是一種教導，讓我們學習奉獻。用什麼奉獻？我們應用法鼓山的理念，來安定人心、安定社會，最重要的是，要從我們每一個人自己的人品提昇做起，進而達到建設人間淨土的目標，這便是法鼓山存在的意義與價值。

今年三月，日本東北發生大地震，引發海嘯、核能外洩等連鎖災害，當時有位信衆憂心忡忡寫信給我，擔心法鼓山園區位於核一、核二廠之間，如果發生核災意外，如何是好？應當及早遷往臺灣中部另覓土地才是辦法。其實早在十多年前，當法鼓山還在建設期間，師父便一再強調：「我自己的法鼓山已經建成，諸位的法鼓山還要不要繼續建呢？」師父也不斷叮嚀，所謂的「法鼓山」，不僅是指建築物的硬體建設，而是代表提昇人品、建設淨土的理念，所以我們所護持的法鼓山，是著重在自我人品的淨化與提昇，凡是認同且實踐法鼓山理念的菩薩，哪怕只有一人、十人，法鼓山便是存在的。

理念是法鼓山最重要的建設。現在我們在北美的東初禪寺、象岡道場，或這三天之中，各地菩薩所分享規劃購置的長久穩定性道場，大家的願心懇切熱忱，使我非常感動，但是我們必須清楚知道，什麼是法鼓山道場建設的意義。

今年因適逢中華民國建國百年，多家媒體爲了製播百年專題，特地上法鼓山園區採訪。這是緣於聖嚴師父一生的威德，以及建設法鼓山，推動心靈環保，對臺灣社會產生廣大的影響。法鼓山的特色是什麼？便是以心靈環保爲核心主軸，透過三大教育、四種環保、心五四及心六倫來實踐，以達到提昇人的品質，建設人間淨土。這樣的理念，深獲各界認同，使得媒體陸續來訪，讓我們對社會持續表達一份關心。

世俗常說：「創業維艱，守成不易。」師父要我們突破這層迷思，而勉勵大家：只要能掌握法鼓山的理念、精神、方針與方法，結合內外資源，掌握社會脈動，順勢而為、應時而生，就可以開創新的局面，展現新的氣象。

明年是師父提出「心靈環保」二十週年，「心靈環保」的最高原則是慈悲、智慧，基本態度是謙虛，下手工夫是誠心，全都離不開悲智和敬、奉獻利他。尤其現在許多地區都在規劃購置長久穩定性的道場，更須時時提起「心靈環保」，用踏實、切實、務實的心態來面對現實，而隨時隨地覺察自己的起心動念，用同理心來體諒包容人，把煩惱轉化為利益眾生的菩提心，這就是菩薩現身說法，也是道場最重要的意義。師父曾勉勵我們：「道心之中有衣食」，相信只要點點滴滴努力，等到因緣具足，一定會有好的成果。祝福大家，知福幸福！

（二〇一一年）

輯三

關懷在人間

修行不必獨居山林，只要當下能不執著，能超越自我中心，便不會被煩惱所困擾，那麼當下便是清淨的，當下便是在淨土之中，便能在紅塵之中奉獻自己、成就他人。

悲智雙運，心靈環保

很高興來到福州參加「中華文化論壇」，感謝主辦單位給我這個機會，與大家分享「心靈環保」的理念。

心靈環保與中華文化

本屆論壇的主題爲「中華文化在兩岸的傳承和發展」。中華文化源遠流長、博大精深，乃因其涵容寬大的個性、善於融合的特質。對於外來文化的加入，總能在交流、互動之中，進行吸收、消化和融合，使得中華文化更加豐富，益增色彩。譬如漢末傳入中土的佛教，到了魏晉南北朝，不僅爲中華文化在宗教、哲學或思想上帶來啓發，在文學、藝術乃至科學方面，也帶來了創新與開展的活力。

中華文化便在這種種文化的滋養下，呈現了多元的面貌；同樣地，這些外來文化在中華文化的熏染下，也產生了不一樣的發展。以佛教來說，佛教傳入中國時，中華文化本身在歷經先秦百家爭鳴的局面，已發展至相當成熟，其中又以儒、道二家爲思想的主流。佛教在與儒、道思想的互相激盪下，並經過長時間的適應、消化、再成長，隋唐時，逐漸成就了具有中國特色的大乘各宗派，例如天臺宗、華嚴宗、淨土宗、禪宗等等，尤其是禪宗，不僅是中國佛教的代表，並成爲中國主流文化之一。

禪宗是在佛教「緣起性空」的原則下，適應中華「人本主義」傾向及喜好簡樸、重視實際生活的民族特性而發展出來的。其關鍵人物即是六祖惠能。惠能大師因聽聞《金剛經》的「應無所住而生其心」而「頓見眞如本性」，提出與原始佛教次第禪定大不相同的「頓悟禪」；又因其頓悟非「空心靜坐」所得，故主張「佛法在世間，不離世間覺」，後來中國禪者也主張「行住坐臥皆是禪」、「十字街頭好參禪」，也就是說，無論吃飯穿衣或砍柴擔水，日常生活中的種種活動都可以修行禪法。

修行不必獨居山林，只要當下能不執著，能超越自我中心，便不會被煩惱所困擾，那麼當下便是清淨的，當下便是在淨土之中，便能在紅塵之中奉獻自己、成就他人，如此的簡單直截，成為漢傳佛教的一大特色。即如家師聖嚴師父曾說：「禪，它是中華文化最光輝的一部分，它不是宗教，它不必要求你改變什麼，也不要求你做任何不希望做的事。它卻能夠使你從實際的生活中，得到身體的平安健康和心理的平靜明朗。」

因為身心安定明朗了，我們的環境也會跟著改善，這正是法鼓山提倡的「心靈環保」的內涵。

心靈環保——佛法核心精神的現代詮釋

一九九二年，家師聖嚴師父有鑒於當時社會脫序，出現了許多的亂象，雖經環保人士一連串的努力，卻未能改善，反使得環境更形惡化。因此深切地感受到，人心如果不能淨化，社會也就不可能得到淨化；人的內在心理環境若不保護，社會的自然環境也沒有辦法獲得適當的保護，因此便提倡「心靈環保」的運動。

心靈環保就是以觀念的導正，來提昇人的素質，除了能夠不受環境的影響而產生內心的衝擊之外，尙能以健康的心態，面對現實，處理問題。因爲人的心境，往往會受環境中的人、事、物的誘惑及刺激而隨著波動起伏，輕者受到干擾，重者喪失自主。如果有了心靈的防禦措施，處身在任何狀況之中，都可以保持平靜、穩定、自主、自在的心境了。

「心靈環保」這個名詞，雖然是家師新創的，但它的內容，其實就是佛陀所實證的智慧與慈悲。二千六百多年前，佛陀爲找尋生老病死中的人生答案，出家修道，經過六年，才領悟到：人類貪求生存、厭惡病痛、畏懼死亡，原因在於不了解生命的眞相而產生了種種的不安與恐懼。釋迦牟尼佛發現，生命的現象是「色、受、想、行、識」五蘊和合而成，是因緣法；因緣聚則生，因緣散則滅，所以是無常的；因爲沒有一個恆常不變的實體，所以是空的，沒有一個眞正不變的「我」。

「我」既然不是實有的，與之相對的有情世界或器世間，自然也是空的、沒有自性的。只是衆生由於不了解一切現象都是變化無常，所以執妄爲眞、執假爲有，以無常爲常，以苦爲樂，而且爲了貪求五欲的享樂，並希望保有繼續不

心靈環保
聖嚴

斷的五欲之樂，造了種種惡業。而唯有修「戒、定、慧」的三無漏學、八正道，最終才能得到清淨的智慧，獲得眞正的解脫。

佛陀在證得此緣起性空的「智慧」後，「慈悲」娑婆世界衆生的盲昧，於是大轉法輪，說四聖諦、十二因緣、三法印，只爲讓人們明白「我」實是一切痛苦的根源。而當人人都開啓了自心中的智慧與慈悲時，娑婆世界即成爲人間的淨土。

佛教隨著時空的變化而產生了不同的面貌，但均離不開上述的原理、原則。法鼓山的心靈環保，便是站在這個基礎上開展出來的。

心靈環保的觀念與方法

《維摩詰經》說：「隨其心淨，則國土淨。」意思是說，衆生（人）的內心清淨，衆生的行爲即清淨；衆生的身、語、意三種行爲清淨，衆生即見其所處的環境清淨、世界清淨。宋初永明延壽禪師據《觀無量壽經》的「是心是佛，是心作佛」，則進一步提出「一念相應一念佛，念念相應念念佛」，也就是說，只要一念心淨，此一念間，便是在淨土；如果一人的心地清淨，會影響多人的心地清淨，進一步，所處身的環境也就變成清淨。如此由一念心淨到個人三業清淨，再到整體環境的清淨，可知心靈環保絕不是空洞的口號，或是遙不可及的夢想，而是有其實踐的步驟和方法，也是每一個人都可以做得到。

法鼓山在全球推動的心靈環保，分成兩個層面：一是學佛禪修的層面：是以有意願、有興趣於學佛禪修的人士爲對象，用學佛禪修的觀念及方法，使得參與者，從認識自我、肯定自我、成長自我，而讓他們體驗到有個人的自我、家屬的自我、財物的自我、事業工作的自我、群體社會的自我，乃至整體宇宙時空的自我，最後是把層層的自我，逐一放下，至最高的境界時，要把宇宙全體的大我，也要放下，那便是禪宗所說的「悟境現前」。但對多數人而言，必須先從放鬆身心著手、接著統一身心、身心與環境統一，而達到「無住」、「無相」、「無念」的最終至高境界。

二是社會運動的層面：是以尚沒有意願學佛以及無暇禪修的一般大衆爲對象，盡量不用佛學名詞，並且淡化宗教色彩，只爲投合現代人的身心和環境需要，提出了以「心靈環保」爲主軸的「四種環保」、「心五四運動」及「心六倫」。

不管是哪一個層面，目的都是要我們淡化自我，以整體大環境爲考量，建立一種「生命共同體」的觀念。家師聖嚴師父曾比喻：「今天生活在地球村中的全人類，就像是生活在同一個錦魚缸中的許多條錦魚，只要有一條魚拉了屎，汙染了缸中的水，受汙染的是每一條魚，包括拉屎的那一條魚在內。」所以，我們應當將生存的環境當作自己的身體來看待，愛護社會環境及自然環境，就像愛護照顧我們自己的身心一樣。如果能如此，世界人類便能夠眞正的和諧、幸福了。

法鼓山推動心靈環保近二十年，在全球舉辦了無數場修行活動，而相繼推動的心靈環保、四種環保、心五四和心六倫等理念，也普遍得到熱烈的回響。其內容兼具觀念與方法，容易入手，遇高則高、遇低則低，可深可淺，是適合所有人的觀念和方法。

全人類的心靈環保

在中華文化傳統裡，對「心」這個問題非常重視。不論是儒家或是道家，都對「心」有很豐富的闡釋。儒家、道家和佛教，對於「心」的看法雖然不盡相同，可是他們的目標或出發點，都是希望能轉變人的氣質，把人從物性轉爲人性，然後超越物性與人性的對立。這種超凡入聖的過程，佛教稱之爲「解脫」，道家叫做「回歸於自然」，於儒家就叫做「成聖成仁」。相同地，心靈環保與西方心理學講的情緒管理、心理分析，也有異曲同工之妙。由此看來，各家雖然名稱不一，終極目標不同，但對心的重視卻是相同的。

心靈環保不僅超越人我對立的自我，也超越全體統一的自我。不論是什麼領域的人士，希望超越人與人、人與環境的對立，卻是一致。因此，我們提倡的心靈環保，是在推動一個超越宗教、超越民族、超越國界的大運動，它是屬於全人類的心靈提昇運動，乃至不管有沒有宗教信仰的人，都可以一同分享。

安和豐富

大陸《中華遺產雜誌》在今年（二〇一〇年）十月中旬時，發表評選出「一百個最具中華文化意義的漢字」，其中「和」字在經過專家評選，再交由網友投票後，成為最具代表中華文化的精華，也與「心靈環保」精神內涵相應。

法鼓山二〇一〇年為全球社會大眾祝福勉勵的精神主題是「安和豐富」，即為「安己安人，安樂眾生；和敬和樂，和平世界；廣種福田，豐收綿延；感恩知足，快樂富足。」

若是人間的每一個人都能落實心靈環保、悲智雙運，那麼我們所在之處，也就是安和豐富的人間淨土了。

（二〇一〇年）

倫理：生命心價值

個人深感榮幸，能夠代表法鼓山參與第三屆「世界佛教論壇」。世界佛教論壇自二〇〇六年舉辦以來，主辦單位的用心，令人讚歎。即以迄今三屆的會議主題來看，從第一屆的「和諧世界，從心開始」，至第二屆的「和諧世界，眾緣和合」，乃至本屆以「和諧世界，同願同行」定題，如此層次鋪展，實已勾勒出佛教入世普化的基礎輪廓。

佛法的核心教導

佛法自二千六百多年前在人間示現以來，其永恆的關懷，始終不離心性的啓蒙，也就是如何從煩惱之中解脫，開發智慧，多增一些平安、健康、快樂、幸福。因此，釋迦牟尼佛的核心教導，即在啓發世人明瞭「無常、無我、空」的緣起法，如「四聖諦」、「十二因緣」，以及《阿含經》所謂「此有故彼有，此滅故彼滅」，所說的都是緣起法。緣起法講述的是世間現象與變化，《華嚴經》

也說道：「應觀法界性，一切唯心造」，這正是說明了這世間的一切，無非與我們的心靈有關，心靈的力量是多麼的龐大，影響是多麼的深遠！

佛法傳入中土之後，雖是以「異文化」的角色遷入，卻在漢地文化的土壤裡，經與儒、道二家思想的互相激盪，綻放了漢文化的盛茂榮景，其中尤以禪宗的影響，至深且遠。以迄今日，當我們談起以漢民族爲首的中華文化，無論是從史學或從文化的視角，始終蘊涵著禪佛教的光輝；若從佛法普化的立場來看，則漢文化之中，那股散發人本思想的馨芳，同樣也在本地佛教的歷史軌跡裡，清晰可見。

整體來講，佛教在逐漸適應漢地文化的同時，其實也在形塑屬於本地的漢傳禪佛教特色，並且予以極致的發揮。依據恩師法鼓山創辦人聖嚴師父的見解，漢傳禪佛教具有以下特質：包容性、消融性、普及性、適應性和人間性。

現代社會的心法：心靈環保

正由於漢傳禪佛教具有廣大的包容性、持久的普及性和高度的適應性，因而適應中國文化，並且普及、反饋於漢地文化；又因其包容性及適應性，故在多元文化、多元宗教、多元族群的現代社會，同樣也被敞納接受，又予以消化融合，成爲人間性的共同文化。

過去二十多年來，聖嚴師父與法鼓山四衆弟子，不遺餘力推動著漢傳禪佛教的精華，我們把這項工作，稱爲「心靈環保」。

一九九二年，恩師首度提出「心靈環保」此一名詞。心靈環保，即是佛法、禪法，也是心法。「心」是指觀念和心智，至於心法，則是佛教講的慈悲與智慧。只是慈悲與智慧，有些是先天的，有些則有賴後天的培養與開發，而後者，便是屬於啓蒙與教育的作爲了。

爲了適應現代社會，恩師特別將深奧難懂的佛學名詞，轉化爲現代人易懂、親切的語言，而其內涵，並非局限於宗教的信仰，而是淨化了的人文社會價值觀及其實施的方法。從定義來講，心靈環保就是以觀念的導正，來提昇人的素質，讓我們面對外在環境的變動和衝擊時，內心能夠不受影響，還能夠以健康的心態，來面對現實，處理問題。在方法的實踐上，則有「心五四」和「心六倫」。

所謂「心五四」，是透過「四安」、「四它」、「四要」、「四感」、「四福」的五大要項，而每一要項，又涵攝四種「心」的觀念和方法，所以稱爲「心五四」，這是法鼓山針對現代人生活教育的一種倡導。

所謂「心六倫」，是經由「家庭倫理」、「生活倫理」、「校園倫理」、「自然倫理」、「職場倫理」、「族群倫理」等六大範疇，重新定義現代社會的倫理，則是法鼓山對當代倫理價值的一種分享。

重新定義二十一世紀的倫理範疇

「倫理」與「道德」，這兩個名詞，經常被相提並論，反映出一般人在認知上，認爲兩者是相互配合、相輔相成的。在推動「心六倫」的過程中，恩師對於倫理的詮釋，則著眼於盡責盡分，指出每個人都應扮演好自己身上的各種身分角色；至於道德，則是構成倫理的支持條件，亦即使得所有與我們個人產生互動的人，都能夠得到平安、利益與幫助，服務奉獻才是倫理的價值。

有別於傳統農業社會，二十世紀下半葉以來，群聚型的工商社會，逐漸成爲現代人生活的一部分。我們大家可能就居住在城市裡，或者往返都會就學、工作，而開展在我們每一個人身上的人際網絡，在網際網路的推波助瀾下，正以前所未見的高速感，轉動我們的人生。

像這樣的社會型態，實已不是傳統的儒家五倫所能適切。因此，恩師從現代人普遍經歷的生活型態，提出「家庭倫理」、「校園倫理」、「職場倫理」，又從現代社會無法逃避的課題，倡議「生活倫理」、「自然倫理」、「族群倫理」；統整以上六類，便是法鼓山向當代分享的「心六倫」。若從涵蓋面來講，「心六倫」，實際上包括了個人身心的自處，個人與他人及社會的互動，也包括了個人與大自然相處等等，人生之中各種各樣的倫理聯繫。

教育建立全球倫理

「心六倫」運動，不僅在兩岸三地倡行，也在世界各地華人社會推廣；恩師晚年出席國際間重要會議，莫不積極建言，當以教育建立全球共通的倫理價值。

這項全球共通的倫理價值，便是「尊重每一個生命，承認每一個人都有生存的權利，每一個人也都有保護及愛惜一切人的責任。」方法則是呼籲全球的學校教育、社會教育、宗教教育、家庭教育等多重教育機制，共同普遍且持久地來推動這項倫理價值。

「同中存異，異中求同」是全球倫理得以建立的前提，這便是說，世界人類的和平幸福，每個人都有責任，至少要能尊重每個生命的差異性，承認每個人都有生存活命的權利，而每一個人，都當有包容異己的心量。

接受差異性，尊重他人，但求自己盡心盡力，奉獻利他；這是全球倫理與「心六倫」共同的核心價值。我們不僅與家人是生命共同體，當我們身在校園、身在職場，或在生活環境之中，面對種種的人、事、物，也是同一個生命共同體；我們與其他不同的族群，以及無聲承載一切的自然大地，也是相依相繫的生命共同體。

從倫理衡量生命的價值

從我們的內心開始，從內心來帶動行爲的實踐，便是心的倫理。至於倫理的實踐，除了盡責盡分、奉獻利他之外，也當做到「有所爲，有所不爲」。凡是對於他人、對於團體，對於整體環境有害的身、語、意行爲，均應避免；而對團體有幫助、對環境有益之事，則除了自己投入，還要鼓勵他人一起來做，這是從「心」出發，實踐倫理的另一層意涵。

身在這個世界，每個人確實非常渺小，就是以家庭或工作的職場爲單位，同樣也僅只是大千世界裡的一粒細沙微塵。然而，只要有一群人，或者一人，發揮倫理的價值，這個世界就會向善的方向運轉，漸漸生起大的作用。

只要發揮生命的功能，就有倫理的價值。生命最基本的功能，也是最重要的功能，就在呼吸。只要活著，還有一口氣在，就是在發揮生命的功能，這也是在彰顯倫理的價值。

快速變遷的工商社會，已造成許多人的身心世界，無法適應外在環境的種種變化，於是憂鬱症、躁鬱症的病例增多了，在許多社會之中，自殺的案例也在逐年升高。當人們習慣以物質、數據，或用金錢來衡量生命的價值之時，恩師聖嚴師父提醒大家，回到心的倫理，從倫理來衡量生命的價值。

若當徬徨失落，或是久臥病榻，活著似乎只有平添家人或他人的負擔之際，面對種種生命的低潮，請給倫理一個機會，請給身旁親友一個機會，讓他們來照顧您，讓他們有服務奉獻的機會。

活著，就是生命的價值。生命的價值，應當從倫理來衡量。

（二〇一二年）

從心笑出來

在團體中，每個人扮演的角色或有不同，然而對於團體的成長，每個角色都同等重要，同樣不可或缺。法鼓山很幸運能有聖嚴師父作爲精神導師，在「悲智和敬」的道風熏習下，展現蓬勃的生命力，同時秉持「安穩向前，踏實健全」的精神，共同成長。這是很重要的指標。心態安穩，才能日益進步，才能不懼風雨攜手向前；腳步踏實，才能趕而不急，讓個人及團體，行事更有效率，發展更爲健全。

過去三個月，海內外各地道場舉辦的各項弘法利生法務，不論是各分支道場的中元法會、暑期各項營隊活動、關懷生命獎、論壇，以及聖嚴書院開辦的課程，大家都很用心地規劃。而於九月圓滿的剃度大典，今年共有二十二位新戒法師剃度，並有二十九位學僧受行同沙彌（尼）戒，展現了法脈恆傳、「僧僧」不息的氣象。透過這些活動，除了展現團體的向心力與凝聚力，也更堅定法鼓山僧俗四衆對於理念的實踐，體認到團體成長與理念的實踐，乃是相輔相成，互爲一體的兩面。

聖嚴師父曾勉勵我們，當以「守分、守法、守口、守身、守心」來安己安人、自勉勉人。人人謹守本分，團體就能和諧無諍；人人行事守法，不損人利己，就能心安平安；人人不說妄語、兩舌、惡口、綺語，而多說柔軟語、關懷語，就能廣結善緣；人人守持五戒，就能保護自己與家人，同時保障社會；人人收攝身心，「看」好自己的心，便能夠氣度寬闊、安和豐富。

萬法唯心造。心是諸法根源，不同的心態，就會表現出不同的行爲，也會造成不同的影響。期勉法鼓山僧俗四衆都能以眞心、眞誠來服務大衆，讓人感受溫馨、親切，這除了要以佛法來鍊心，另一個實用的法寶，便是經常保持笑意，微笑能拉近彼此距離，散發溫暖的氛圍。祝福大家：不計較、不比較，晚上就能好睡覺，天亮做事更有效，成就大家好歡笑！

恰到好處的分享

法鼓山創辦人聖嚴師父圓寂至今已經三年，然而師父的願心，常在我們心中，師父的身影，歷歷在我們眼前。

法鼓山與香港的法緣，最早始於一九八八年，師父應香港佛教青年會暢懷長老邀請，首度來港弘法。往後二十年間，師父更曾十度蒞臨香港，早期是講經，後期則以佛法生活運用，舉行專題演講。在這過程中，好幾次都是暢懷長老促成的因緣。因此這次我到香港，特地向暢懷長老感恩禮座，聽長老談起了諸多歷史因緣，尤其一九八〇年代以後，陸續邀請聖嚴師父及星雲長老等多位法師前來宣講，從而開創佛教在香港弘化的新契機，對於這樣的發展，長老顯得十分欣慰。

剛才觀看影片，相信大家都有許多感觸與感動。從影片中，我也看到一九九六年自己第一次隨師父到香港的照片。我的體型，從過去到現在，改變得不多。曾經有人說，我在法鼓山僧團屬於「非主流」，因為從聖嚴師父到常住

法師，身型多以瘦長居多，我是少數例外。但是我說，我的身材雖是「非主流」，但是我的修行，一定掌握「主流」。所謂「主流」，便是實踐聖嚴師父提倡的理念及方法。因此我在這裡，懇請諸位一同加入「主流」，運用法鼓山的理念來幫助自己提昇人品，也用法鼓山的理念來淨化人心、淨化社會，這就是法鼓山的主流價值。

諸位接觸法鼓山的因緣，或有時地不同，但我相信在座每一個人，都與聖嚴師父有著深厚的法緣。師父留下的身影，不在外在形象，而是以淨化人心的理念與方法，對於個人、社會乃至全世界，產生一股向上向善的深遠影響力，這是師父最珍貴的法身，也是師父永恆的身影。

在法鼓山建設過程中，師父曾說：「我自己的法鼓山已經建成，諸位的法鼓山，還要不要繼續建呢？」意思是說，法鼓山真正的建設在於理念，至於硬體建築，則難免隨時空條件改變，示現成住壞空，真正能產生延續性影響力的，主要在於精神理念。但這並不是否定建築物的功能，而是提醒我們：如何透過有形的硬體建築，凝聚大家一起共修，實踐、推廣法鼓山的理念；發揮法鼓山的理念，才是法鼓山道場最重要的功能。

佛法的出現，是因釋迦牟尼佛悟見緣起法則，始在人間分享，後續經由歷代祖師大德的弘揚闡發，才有今日受惠的我們。感恩世尊與歷代祖師大德的悲心，更感恩師公東初老人及聖嚴師父的大願，讓法鼓山僧俗四眾此刻都能沐浴在這份殊勝法緣之中。

心靈環保是法鼓山理念的核心主軸，心靈環保的內容，是佛法、禪法，也是心法。具體修行方法，則可從禪修、念佛、持咒、拜懺及誦經等方式來實踐。此外，為了因應現代人忙碌緊湊的生活步伐，聖嚴師父提出心五四、心六倫等觀念與方法，將艱澀深奧的佛學名相，轉化為親切易懂的時代語言，讓一般人在生活中即可運用，影響非常深遠。

法鼓山在海內外的各地道場，都是總本山的延伸，每位參與法鼓山的菩薩，均是觀世音菩薩千手千眼的化身！我們自己接觸法鼓山的理念，實踐法鼓山的理念，還要進一步發願，用法鼓山的理念來奉獻利他。有願就有力，只要以奉獻利他作為大方向，願力自然油然而生，源源不絕。

今天的餐會，也可稱爲心靈法宴，我們大家以法相會，因法赴宴，期望每個人都能從佛法修學之中，成就戒、定、慧的功德香，以香光莊嚴，莊嚴「香江」。

（二〇一二年）

六度行願菩薩心

昨晚將近十點，大家還在這裡演禮，從諸位身上，我看到了護法與弘法的願心，就如聖嚴師父當年爲了分享佛法，使更多人受益，因此創建法鼓山。現在，香港分會正規劃購置一處永久性道場，這份願心非常可貴，然而前提，必須對法鼓山理念有正確的認知。

法鼓山開山的意義，是爲了開啓人人心中的寶山，就如師父所說，在這世界上，只要尙有一人出生，便有一座寶山等待開發。至於什麼是法鼓山道場的特色？如果是禪修、拜懺、法會，這些活動其他的道場也辦，因此我們必須辦出自己的特色，也就是賦予每個活動教育的目的與關懷的功能。

要接引人，內部要先有共識。意見多元、看法不同，這在團體來講很正常，只是多元之中，必須學習尊重與包容，同中存異，異中求同，才能凝聚團體共識，達成決議。我相信每位菩薩建議的出發點，都是希望有利於團體，不過，難免有時意見未受採納，可能是觀點超前於團體，倒不一定是見解高下的問題。如果提的意見未被採納，請諸位要學習「暫時」放下，等待因緣成熟，他日再提。

上午的皈依典禮，新皈依弟子都念了三皈依詞，其中一句是：「從現在起，皈依三寶，成爲三寶弟子，修學佛法，擁護三寶，永不退信。」現在我要勉勵諸位勸募會員發願，請你們也說：「從現在起，發願成爲法鼓山勸募會員，成爲勸募會員，修學佛法，擁護三寶，永不退信。」

大家都是六度萬行的大願心菩薩。所謂六度，是布施、持戒、忍辱、精進、禪定和智慧（般若）。諸位的布施是奉獻，奉獻時間、人力、財力或者智慧。其次是持戒，身爲法鼓山的菩薩，大家都在學習佛的慈悲與智慧，對自己的言行有期許，彼此間也相互提醒，這就是戒的目的：保護自己，也保護他人。

忍辱、精進和禪定，則如我們參加共修，或在活動之中，難免面臨順、逆二境，請大家練習把所有的人、事、物，都當成是我們修福修慧的資糧，把每個因緣，視爲啓發我們同理心與菩提心的道場。

六度實踐，是以智慧爲最高指導。智慧，不是知識，不等於哲學思辨，而是一種無我的態度。法鼓山菩薩最可貴的地方，便是無私無我的奉獻。在法鼓山，沒有名利可得，只有悲智願行可期。大家在這裡凝聚向心力，展現慈悲智慧的生命力，人人都在現身說法。這樣的力量，便可以感動人，接引人一起加入「提昇人的品質，建設人間淨土」的菩薩行列。

做任何事，前提一定是盡心盡力，至於努力的成果是否一如預期，則要面對、接受、處理、放下，放下之後，提起自在的平常心。每一個人都具有無窮的潛力，只是尚待開發。還要保持堅定的毅力與耐心，才能把事情完成。團體的最可貴處，是在共識之下，眾人朝同一個方向邁進，發揮團結就是力量的精神。只要以奉獻利他的願心，作爲生命的大方向，生命的動力，自然源源不絕。

（二〇一二年）

禪心對萬變，安和豐富年

往年農曆春節前，聖嚴師父的新春祝福開示，主要是凝聚團體的向心力，期勉大家在不斷奉獻的過程中增長慈悲和智慧。此時此刻，我要感恩僧團法師、專職菩薩、護法悅眾及義工菩薩們一年來的奉獻，大家均是全力以赴，而我個人也從中學習、成長很多。

「安和豐富」是法鼓山二〇一〇年的年度主題。安，是「安己、安人、安樂眾生」；和，是「和敬、和樂、和平世界」；「豐富」，不僅意味物質條件的滿足，更蘊涵了人心氣度的圓滿與寬廣。

師父捨報已經一年了，對僧俗四眾來說，我們曾一時失去依怙，然而師父長年的教誨與指導，也讓我們在最短時間內，展現出心安平安的力量，便是這股力量，讓社會各界及護法菩薩深受感動。在我們來講，這是在實踐師父的教導，一如師父在我們身旁。

儘管這一年來，各界對法鼓山整體抱持肯定的觀感，但仍有一些不同的看法與意見，這正提供了我們省思與成長的空間。面對「不一樣」的聲音，我們除了持續既有基礎不斷努力之外，更要以謙卑的心態，接受指正，引為期許；有則改之，無則嘉勉。凡事正面解讀、逆向思考；心懷感恩，進而報恩。所有因緣，都是成就我們修福修慧的菩提行資糧。

以感恩心接受，以報恩心付出，就是在修福修慧。

法鼓山僧俗四眾是同一個生命共同體，彼此互為菩薩道上的同學伴侶。「以慈悲關懷人，以智慧處理事，以和樂同生活，以尊敬相對待」的悲智和敬精神，可說就是我們的家風。期許大家能夠把悲智和敬的精神，進一步落實於家庭、校園、生活、職場、自然與族群倫理之中，不論扮演任何角色，都以奉獻為出發點，因我們心安平安，也讓他人心安平安。

「但願眾生得離苦，不為自己求安樂，若眾生離苦，自苦即安樂。」師父色身雖然已經捨報，留下的智慧遺產，卻是取之不盡、用之不竭。如同許多媒體報導指出，師父的一生雖已謝幕，卻在人間遍撒慈悲的種子。願我們大家珍惜這份福德因緣，同心同願，以安和豐富來利益人間。

（二〇一〇年）

知福是最大的幸福

法華鐘是法鼓山鎮山之寶，鐘體上鐫刻了整部《法華經》、《心經》與〈大悲咒〉，還有一幅多寶塔雙佛並坐圖，是一座弘傳大乘菩薩道精神的法華梵鐘。恩師創辦人聖嚴師父特別指示，法鼓山每年都要舉辦除夕撞鐘儀式，以法華鐘聲為臺灣、世界獻上祝福，使除夕撞鐘成為法鼓山的一項傳統，更成為臺灣一個具有文化內涵的除夕祈福活動。

二〇〇六年底落成啓用的法華鐘，首度於二〇〇七年二月十七日舉行除夕撞鐘，今年已是第五度舉行，感謝馬總統四度蒞臨參加，以及現場諸位善知識大德的共同成就。

記得二〇〇七年除夕夜，果東與法鼓山僧衆撞響第一聲清淨的法華鐘聲，之後由貴賓及民衆接力，圓滿的一〇八鐘響，則由聖嚴師父與貴賓合力完成，從此，法華鐘聲成為臺灣每年送舊迎新、祈願祝福的共同記憶。

聖嚴師父曾說，法鼓山是時代社會的共同資產，不僅屬於臺灣，也屬於全

洽學鐘樓

世界；不僅是現代社會，相信長遠的未來也需有法鼓山奉獻。師父雖已圓寂二週年，但留予我們的智慧法身，無處不在。如以「心靈環保」來淨化人心，以「心五四」來成長自己，以「心六倫」來保障平安，對未來永遠抱持信心與希望。

邁向嶄新的二〇一一年，法鼓山提出「知福幸福」的年度主題。在哈佛大學有一門深受歡迎的選修課，叫做「幸福學」，開課的教授認爲，幸福感是衡量人生的唯一標準，是所有目標的最終目標。

確實如此，人生尋尋覓覓，追求的不過是一份幸福，但「幸福」是什麼？對佛教徒來說，幸福與外在追尋無關，知福是最大的幸福。珍惜眼前所有，心中常懷感恩，把握當下，就有幸福。因此針對「知福幸福」的主題，我們有兩句話：「知福知足有幸福，感恩奉獻眞快樂！」

感恩諸佛菩薩護念與一切因緣成就，願一切眾生都能接受法華鐘聲的祝福，在新的一年，迎來和諧、平安、快樂和健康的大好希望。

（二〇一一年）

心靈環保，法鼓之願

在剛才悠遠的法華鐘聲裡，我們已送走去歲。過去一年在「知福幸福」的共勉中，人人知福知足，處處感恩奉獻；展望未來，讓我們以感恩心、歡喜心，迎接龍年的到來。

恩師法鼓山創辦人聖嚴師父曾比喻，過年過節，就好像竹的生長，每個竹節都是成長的痕跡。人生是不斷成長的，社會是逐步邁進的。每通過一個階段，就等於一次成長，成長之後再設定新目標，就能節節高升，年年展現新氣象。

從佛法的立場，我們鼓勵大家從發願來迎接新年新氣象。願，可大可小，有近有遠，不妨從小願開始、從近願著手，最好能發利人利己的好願，讓好願一個一個實現。在發願、祈願之後，必須滿願；滿願再發願，如此不斷發願、滿願的過程，可使我們的人生豐富而踏實。

法鼓山最大的心願是「心靈環保」。「心靈環保」的最高原則是慈悲與智慧，也可以說，就是讓自己平安、健康、快樂、幸福，也讓他人平安、健康、快樂、幸福。

心靈環保的落實，則可透過傳統修持，比如禪修、誦經、念佛，或者經由生活佛法的運用，比如「面對它、接受它、處理它、放下它」，來幫助我們減輕煩惱，多增平安、健康、快樂與幸福。

法鼓山每年提出的祝福主題，均不離「心靈環保」的精神。二〇一二年，法鼓山提出的主題是「眞大吉祥」，「眞大吉祥」的著力點在於「眞」，用眞心、眞誠、眞實的態度，來面對自己、與人相處，並且善待自然環境，便能眞心自在，廣大吉祥。

（二〇一二年）

活在當下，踏實向前

針對現代人種種心靈困境，當代宗教人士及心理精神科學方面的專家，均透過出版書籍爲大衆提供了許多解決的觀念與方法。其中鄭石岩教授的著作，一直受到廣大讀者的歡迎，並得到很多回響。我也經常閱讀、參酌、吸收而獲益，鄭教授眞是大家的善知識。

鄭教授石岩先生幼年學佛，高中時期即養成禪坐的好習慣，之後研究經教，於各地弘講，解行並重、教學相長，奠定了良好的修行及佛學素養。他初中畢業後開始半工半讀的生活，別有一番人生歷練，而母親的身教與言教，培養出他積極踏實的人生觀。之後又接受現代教育學、心理學的訓練，並累積了豐富的諮商經驗，讓他對人心的困頓有深刻的了解。因此往往能運用佛法、禪法、心法契機契理，以同理心爲個案找出問題癥結，提供有效的解決辦法，並在工作之餘，講授課程，服務大衆，這正是慈悲與智慧的修持，大乘菩薩精神的實踐。

在《生活軟實力：及時爲幸福扎根》中，鄭教授直示問題核心，指出社會的問題是來自人們心靈的困境，而心靈的困境源自於偏頗的價值觀。人生價值不是以打敗別人、贏過大眾來獲得，而是來自個人心靈的成長。而心靈成長可從五個面向著手，即承擔、歷練、行善、養心和靈修，其中鄭教授特別強調善念、如實、行動，還有放下之後的坦然自在。這些與我的家師聖嚴師父所提倡的心靈環保思想內涵同源自於「佛法、禪法、心法」的精髓，而與「認識自我、肯定自我、成長自我、消融自我」的禪修四步曲有異曲同工之妙。「心靈環保」就是以觀念的導正，來提昇人的素質，除了能夠不受環境的影響而產生內心的衝擊之外，尚能以健康的心態，面對現實，處理問題。

佛教講的「覺」是覺醒人生宇宙的真理實相：「緣起、無常、無我、空」積極把握現在、活在當下；而鄭石岩教授也點出「清醒覺察有生命力的心，就是成功幸福人生的軟實力，也是生活贏家的寶藏」。期待諸位讀者都能從中挖到寶藏，珍惜擁有、踏實向前、隨時奉獻服務他人；實現平安、健康、快樂、幸福美滿的人生。

（二〇一一年）

感恩心接受，智慧心處理

法鼓山有個「四它」觀念，就是在遇到任何狀況時，要「面對它、接受它、處理它、放下它」，已成爲社會大衆琅琅上口的一句話。但很多人在挨罵時，通常是不舒服、不接受，也不處理，卻讓心裡產生煩惱、罣礙，之後依舊習氣存在、我行我素。

在日本，腦筋動得快的孩子，只要一做錯事被罵，就會立刻說「對不起」，一來可以平息對方的怒氣，二來在父母的眼中，仍是一位懂得「道歉」的懂事孩子。事實上，孩子或許並不了解自己錯在哪裡，只知道說「對不起」，就是避開難關的絕佳護身符。日本眞言宗的高幡山金剛寺的貫主川澄祐勝，觀察到日本社會現象，有感而寫了這一本《被罵的幸福》。

佛教講求諸惡莫作，衆善奉行。強調要「說好話、做好事」，要常用柔軟語、親切語、慈悲語、智慧語，以欣賞的、讚歎的、勸慰的、勉勵的語氣與人廣結善緣。但誠如大慈大悲的觀世音菩薩也會以金剛怒目現凶猛的明王相，用憤怒威德來降服貪、瞋、癡特別重或者冥頑不靈的人。

古代禪宗祖師大德也常以「棒喝」的方式教育弟子，都是爲了杜絕弟子執著虛妄的思維或考驗其悟境，特別用棒打，或是大喝一聲，以暗示與啓悟對方，這是站在「幫助弟子修行更好」的契機契理態度上。沿用到今日，我們要警醒一個人的執迷不悟，或破除其不當行爲，就稱爲「當頭棒喝」。

在近代，以嚴厲的方式教導弟子而聞名，就屬我師公東初老和尚。一九五九年，我的恩師聖嚴師父隨他出家之後，除了爲老和尚編輯《人生》月刊，還兼做雜役及祕書。

東初老和尚有時候看到佛教界不平之事，就要聖嚴師父用筆名出面聲討，聖嚴師父很慈悲，覺得那是多管閒事，犯不著與人結惡緣，東初老和尚卻認爲：「大家不管閒事的話，佛教豈非黑白不分了嗎？」又如，師父年輕時喜歡念書、寫作，但東初老和尚總是要聖嚴師父多做事，動不動就對他說：「你已三十多歲，正是做事成就人的時代。」又說：「你的智慧已夠應付得過，就是福報差點，要多做事，多培福澤。」即使後來師父在日本攻讀博士學位時，老和尚還特地寫信以「汝當作大宗教家，切勿爲宗教學者」，提醒師父除了具備學識，更要滋長悲天憫人的宗教家情操。今天聖嚴師父能成爲家喻戶曉的宗教師，而不是宗教學者，東初老和尚的功德非常大。

我在出家生活中，也是在恩師聖嚴師父的教誨中成長。我過去曾經擔任法鼓山護法總會輔導法師，認爲出家眾就是要慈悲與人爲善，廣結善緣。自從二〇〇六年九月，我繼任法鼓山方丈以來，我還是抱持這樣的想法，結果每次遇到重大決策時，爲顧慮到整體的圓滿，希望面面俱到，加上承擔起創辦人聖嚴師父及全體法鼓山的託付，因此，總是愼重考量，有時會依賴師父的看法與做法。

這當然逃不過師父的法眼，而多次提醒我，「雖然尊重師父，但要學習承擔，動頭腦思考，想辦法圓滿事情，心胸要廣大，眼光要深遠。」有一次師父更是直接喝斥我說：「這是方丈的事，自己想辦法去處理，不要問師父。」甚至還加一句：「相信你做不到。」後來我自己想辦法去溝通、處理，圓滿了一項能夠利益社會的重大決策，即是有關「環保生命園區」之觀念與做法。事後，師父對其他執事法師說：「我們方丈和尚這一件事情處理得很好。」

當然，人是有情緒的，不管是罵人者還是被罵者，最重要是不起瞋念。佛教稱憤怒、生氣的心為瞋，瞋也是根本煩惱之一，是無明火，說「瞋是心中火，能燒功德林」、「一念瞋心起，百萬障門開」，意思就是瞋火能把自己所修的功德都摧毀了，影響是非常巨大的。

在《被罵的幸福》一書中，就提到父母愈是「恨鐵不成鋼」，責備就愈是容易情緒化，但往往容易流為情緒激動的發脾氣。顯然現金剛怒目罵人是要有智慧的，或者說罵人也是一種慈悲的展現，因為罵人不是謾罵，嚴格要從愛或慈悲出發，罵一個人都是站在關心對方的立場。

同時，被罵的人也要用感恩心來接受。誠如該書中所說，人對於「被罵」這件事是永遠不會習慣的，在被罵的當下，心情一定是沮喪的。不過我們不妨這樣想，「有缺點則改之，無則嘉勉兼修忍辱」，如能以感恩心來接受，則是一生之幸福。

書中提到一種「自我責備」的情緒管理，這讓我想到佛教是非常重視懺悔，認爲人不論在有意識還是無意識的狀態下，無時無刻都會犯錯，因此必須透過懺悔，來反省自己的身、語、意三種行爲，從注意、了解自己行爲，進而反省、改善修正自己的行爲。一個人藉由一次又一次地懺悔，比較容易降伏對自我的執著，讓心更加謙卑、清淨。如果能隨時懺悔自己，生起懺悔心與慚愧心，面對他人的責罵，也比較能夠正面去思考，想一想自己哪裡出錯？爲什麼會被罵？

總之，罵人時當存慈悲心，被罵時則要有感恩心，彼此都能以同理心去爲對方著想，如此安定和諧，自然營造豐富人生，要建設一處「安和豐富」幸福的人間淨土，將是指日可待。

（二〇一一年）

奉獻利他，始終如一

從佛法看世間一切現象，不離因緣法則。不過對於因緣的理解，常常會隨著每個人的思想、觀念、心態，或是生命歷程的不同而有所差別。因此，當我偶爾聽到人說，談因緣是很消極的，或者講因緣不切實際等類似說法時，我會試著去理解這些觀點的背後，可能代表當事人在某個時期的人生經驗；既然是人生的經驗，也就沒有對錯之分；既然是生命中的歷程，也就有調整的空間。

然而，站在分享佛法的角度，我還是會盡可能把握機會，以正面的解讀及逆向思考，來傳遞我所認知的正確因果因緣人生觀。比如貫穿於李伸一祕書長這本新書的主軸，即是非常積極的因緣法實踐，那便是從奉獻之中成長自我，從服務之中成就他人。事實上，這就是佛法希望分享的精神價值。

李祕書長童年時，因父親到南洋出差，失蹤數年，在他十四歲之前，家中生計全由母親一人撐起。他當過小農夫，分擔母親的辛勞，並且立志向學，突破現況。全書讀來，可以感受到母親身教對他影響至深，也因母親的教誨，讓他從小懷抱一種願心：把握機會充實自己，待日後能力漸長，盡己所能，幫助他人。

如此上進心與願心萌發的過程，也讓我懷想起恩師法鼓山創辦人聖嚴師父的一生。恩師自小家貧，甚至童年出家的原因，也與家裡實在太窮有關。師父出家當了小沙彌以後發下願心，矢志充實佛法，將佛法的好，分享給更多的人。到了晚年，恩師向青年朋友這樣分享：「這一生之中，假使要說出一個優點，那就是始終把握機會，充實學習」，並且說：「我不是天才，常常想做的事，也不是馬上就能夠心想事成，可是我始終清楚自己的方向，總是堅定那最初助人的願心，所以不斷充實，不受逆境阻撓，終於走出一條自己的路來。」恩師的一席話，除了是對因緣的闡述，也讓我們體會其中願心的可貴。

李祕書長年輕時取得博士學位以後，即投入律師工作，之後擔任行政院公平交易委員會委員，並於一九八〇年創辦消費者文教基金會，以及日後服務長達十二年的監察委員，在這些歷程中，都可以見到他的一份願心。二〇〇六年，他受聖嚴師父之邀，擔任法鼓山人文社會基金會祕書長，全力推動「關懷生命——防治自殺」及「心六倫」運動。那年九月，我接任法鼓山第二任方丈，因此與他有很多互動。我所認識的李祕書長，不僅愛護家庭、任事積極，而且熱心助人、廣結善緣，他同時也善於演說，經常援引一些小故事來充實主題，或是展露幽默的一面，寓教於樂，讓現場氣氛更顯輕鬆，眞是我們爲人處世的善知識大德。

聖嚴師父倡導的「心六倫」運動，是需要長久持續推動的一項運動，這項新時代的新倫理，是從「心」出發，以奉獻利他爲價值；把個人應盡的角色，以家庭爲基礎，延伸至校園、生活、自然、職場及族群等六個領域，在每個角色位子上，各守其分，各盡其責。肩負起推動「心六倫」的李祕書長，他的體驗應是非常深刻的。

把握每個因緣，當成是讓我們奉獻與學習的機會，這是最積極的因緣觀。李祕書長以實際行動寫下因緣的註腳，如同觀世音菩薩普門示現，奉獻利他，始終如一。尤其二〇〇九年榮獲國家公益獎的殊榮，乃是實至名歸的最佳見證。無論從公益或是法鼓山團體的立場，對他有無盡的感恩與讚歎：一方面感恩他無私的奉獻，更讚歎他不變的悲智願心。

（二〇一一年）

一口呼吸便是無限生機

「關懷生命獎」活動，至今已是第三屆，今年的活動宗旨爲「慈悲關懷，希望再現」。我們除了很榮幸邀請到教育部、衛生署、農委會和國家文化總會共同指導外，也很感恩「國立科學教育館」、「國立臺灣科技大學」及「蘋果日報慈善基金會」的協辦，法鼓山二〇一〇關懷生命獎暨「安心地，救大地」論壇活動才能順利舉行。希望藉由這次活動，能將社會大眾尊重生命的共識凝聚起來。

人的生命，並非只屬於自己，而是由各種因緣條件配合，且與眾多「關係人」共同相繫的。不僅與父母、家人相繫，與同儕友人相親，也與社會國家、天地自然之間，有著密不可分的關係。沒有一個人是孤單的，也沒有一個生命是無助的。因此對於「關係人」，包括家人、朋友、師長、社會，乃至整個宇宙，我們都有責任、有義務要回報奉獻。

生命的價值，並不是來自他人的讚歎、肯定，也不取決於名望、財富的多少，而是自己是否負起責任、盡了義務，進而服務他人、奉獻社會，從盡責與奉獻的過程中，使得生命的底蘊更加豐厚。

珍惜生命，善用生命，才能發揮生命的意義。然而人生無常，難免會遇到許多打擊和挫折，很多人因此感到無奈、無助、無所適從，像是被突如其來的巨石擋住了去路，一時間難以突破困境。其實擋住我們的是我們自己的心，正如聖嚴師父所說：「山不轉路轉，路不轉人轉，人不轉心轉」，只要轉念就會發現，前方還有更寬廣的路可走；換個角度思考，就可以突破眼前的困境。挫折是危機，更是轉機，砥礪我們面對、克服自我的設限。

可惜有一些人面對生命低潮，選擇了逃避，甚至以爲生命結束就等於解脫了痛苦。尤其有些父母的觀念偏差，認爲孩子是自己的一部分財產，帶著孩子一起自殺，更是令人遺憾。即使寫下遺書，爲自己輕生造成家人的哀痛表達歉意，但是這種道歉無濟於事，只留給家人難以彌補的傷痛及遺憾。

活著就有無限的希望，即使在非常困苦、艱難的情況下，我們也要爲自己加油，誠如聖嚴師父所說：「不要害怕挫折，人生就是一個浪頭接著一個浪頭而來」，我們要以正面態度迎向挫折，生命的意義和可貴才能彰顯出來。

因此，我要再度呼籲：生命的權利，並不僅僅屬於個人，而是與所有的「關係人」密切相連；生命的存在，絕對不是孤立無援，在面臨困頓時，我們的「關係人」都會願意伸出援手。不管是物質上的支持，或是情感上的關心、祝福和鼓勵，都是同樣珍貴。

人生最豐富的資產，就是與人眞誠的互動。我們與他人，常常在不同時候、不同的生命階段裡，相互扮演著「施」與「受」的角色：彼一時，受人恩惠，此一時，可能成爲他人生命中的貴人。

八八風災已屆滿週年，但心靈重建的工作還有漫長的路要走。法鼓山將持續協助受災地區的民衆重建家園和心靈，以期達到身安頓、心安定的目標。然而心靈的重建必須是全面的，在這場風災中，直接或間接的受害者，包括救災人員及災區外的民衆，都需要重建心靈，埋怨及推諉無法改變事實，只有學習放下個人己見，妥善分工，團結合作，方能創造美好的未來。

對於已經發生的問題，無須過度追悔；對於還沒有發生的事情，也無須杞人憂天。世間萬物本是無常與多變，平時若有應變的準備，臨事應對得當，問題自可迎刃而解，即使損失也能減至最輕。尤其近年來，自然災害頻傳，我們不知道何時會發生災難，只有事先未雨綢繆，才能在問題發生時，運用資源及智慧來處理。佛法強調「萬法唯心造」，不論遇到任何傷害或損失，只要還有一口呼吸，就有無限的生機，生命充滿無盡的希望。

（二〇一〇年）

心靈環保，身心自在

十三年前，我曾到臺中澄清醫院的平等及中港兩院區，各別舉行臨終關懷講座，很感恩有這樣的因緣與貴院結善緣，也讓我學習如何在因緣當下面對和處理。

心本無生，因境而有

今天的講題是「心靈環保，身心自在」。一般人處在順境之時，通常還可以做到舉止從容，游刃有餘，一旦面臨境界考驗，或者遇到棘手問題，身心往往緊張，壓力也就跟著來。以醫院職工菩薩來講，諸位所面臨的，除了工作壓力，還有救人救命的角色壓力，以及來自病人及病人家屬的壓力，這些都是院方人員所承受的身心壓力。

佛法講：「心本無生，因境而有。」所謂身心，究竟是身主宰心，還是心主宰身？大部分的人，都是心受身體影響、心受環境牽動。面對各種環境或是各式情境，我們的心如何能夠保持平靜、清淨、安定，這就是心靈環保。今年是法鼓山提出「心靈環保」屆滿二十年。心靈環保是佛法，也是禪法、心法，爲了適應現代社會，恩師法鼓山創辦人聖嚴師父特別將深奧難懂的佛學名詞，轉化爲現代人易懂、親切的語言，比如過去十多年來，法鼓山提出的「心五四」、「心六倫」，都是實踐「心靈環保」的方法。

至於什麼是心靈環保？那就是以觀念的導正，來提昇人的素質，讓我們面對外在環境的變動和衝擊時，內心能夠不受影響，甚至還能以健康的心態，來面對現實，處理問題。所以今天我就從心靈環保的角度，來跟大家分享面對醫病關係及身心自在的一些觀念和方法。

醫院工作壓力與醫病關係

在佛教來講，「佛」是大醫王，「法」是良藥，「僧」是護病者，便是佛教講的三寶。諸位從事的工作，可說是醫療的三寶：以醫生爲大醫王，周全的醫療作良藥，護理人員則是護病者。

在醫院工作，生老病死的故事經常發生，這是諸位所承受的角色壓力，此外，工時長、工作量大，也都是諸位必須面對的壓力。最近我看到一則報導，年後在嘉義，發生了兩起護理人員因身心壓力過大而自殺的案例，這當然不是好的處理方式，但也因此顯見諸位身上所承受的壓力。

我也看過一則故事，有個醫生，在離院期間緊急被院方召回，進行手術。手術的對象是名男孩。男孩的父親一見到醫生，開口就質問：「你怎麼現在才來，我的孩子正等著急救，你到底有沒有醫德？」醫生只是微笑淡然說：「對不起，我接到電話，馬上就趕來了。請您先冷靜，讓我先進手術房救你兒子吧。」對方則說：「如果是你兒子病危，你還能夠冷靜嗎？萬一救不回來，你作何感想？」醫生仍然笑著說道：「塵歸塵，土歸土，醫生的職責是救命，卻無法延長人的壽命。建議您可以透過信仰的方式，祈禱讓這場手術順利圓滿。」「不是你的孩子，當然講得輕鬆。」男子叨叨念著。

手術經過數小時，醫生走出了開刀房，仍然帶著微笑對那男子說：「感恩佛菩薩，您的孩子醒過來了，後續問題就請護理人員向您說明。」說完就走。

男子還是有些不滿，問護理人員爲什麼醫生可以如此高傲，也不讓人問話，掉頭就走。這時，護理人員含淚告訴他，就在不久前，醫生的兒子，在一場交通事故往生了，當時醫生正在處理後事，是因爲醫院的一通電話把他緊急召回，爲您的孩子進行手術。現在他急著離開，是爲了繼續處理兒子的身後事。

這個故事，相信大家聽來心有戚戚焉。很多事情，切勿從自己的角度判斷，因爲我們不知道對方的歷程，不知道當事人正在面臨的處境。在醫病關係裡，大家可能遭受誤解，但諸位仍然負起職責，展現助人的熱忱。不過，要能完全做到不起情緒並不容易。面對各種情境，有情緒是正常的，這是因爲習性積累所產生的身心反應，就從動念和身體語言表現出來，可能會有些不恰當，這就需要透過一次一次覺察及調整，漸漸來改善。

建立正確的人生觀

面對各種境界，我們的心態很重要，而心態，還需要有正確觀念來作引導。因爲我們常常發現，有些人的態度很好，但觀念不一定正確。以生病這件事來講，有的人一聽到友人或親友生病了，會非常熱忱介紹偏方、祕方，出發點是想幫助人，態度也很柔軟，但觀念是否正確，則有待商榷。

從佛法的立場來講，肉體生命雖然有限，卻應發揮積極的功能，當作有意義的事，也就是正確的人生觀。如何建立正確的人生觀？首先要有因果因緣觀。佛法的基本原則，是講「無常、無我、空」的因緣法。一切因緣，經常都在變化之中，因為經常變化，所以無常，所以示現空的眞諦。但是一般人對於無常，往往流於消極的解讀，事實上，無常是最積極的態度。因為無常，方能日新又新，充滿希望與光明；因為無常，所以能夠不斷知福、惜福、培福、種福；因為無常，所以可以不斷改進，超越困境。

「種瓜得瓜，種豆得豆」這句話，應該要從兩個層面來看。第一，要想種瓜得瓜、種豆得豆，前提一定是要播種，要怎麼收穫，先要怎麼栽，這是因果觀。不過，種瓜有時未必得瓜，種豆可能未必得豆。有些事，除了我們自己本身努力之外，還需要有外在條件的配合才能收穫，這就是因緣法。懂得因果觀念，可讓我們樂天知命；有了因緣觀念，能使我們精進豁達。因此，積極的人生觀，要從建立正確的因果因緣觀開始。

第二，活在當下，心不懊悔過去，也不擔憂未來。該來的總是會來，該面對的無法逃避。遇到問題，要學習面對、接受，面對、接受之後要進一步處理，處理之後，無論結果是否滿意，都要學習放下。

第三，正面解讀，逆向思考。有些人會把逆境解讀為業障，好像很無奈。其實，業障的意思應當是說，當境界現前，你不去努力跨越，反而生起煩惱，這才叫做業障。如果能把每個因緣，都當成是「成就福慧二業的保障」，那就不是業障，而是修福修慧的契機了。

轉念，就能帶來正面的能量。難過的時候，告訴自己「難，過！」跨過難關，超越困境。難行的事情，勉勵自己：「難，行！」山不轉路轉，路不轉人轉，人不轉心轉。心念轉個彎，前景無限寬。

人生的價值與任務

生命的價值在於奉獻，人生的意義是在奉獻過程之中，學習消融自我。若能消融自我，便得喜悅自在。有的人擅長處理人際關係、工作態度良好，或者有的人很懂得調理情緒、營造居家環境，也有的人深諳養生保健之道，但這些都屬於暫時的自在。至於身心的不自在，則有角色的不自在、工作的不自在、生活的不自在，以及健康狀況的不自在等等。所以要談到身心自在，應當回到觀念心態的調整，輔以方法的練習，才能奏效，進而做到心理的平衡及人格的穩定。所分享的方法是禪修，基本原則，由「放鬆身心」、「體驗身心」、「統一身心」到「放下身心」的四階段，即使現實有些困境或無奈的事情發生，還能夠承擔。

承擔就是人生的任務，承擔的表現，就在盡責負責。法鼓山創辦人聖嚴師父曾經講過，人來到世間，主要有兩種任務：一種是償債還債，所以受苦受樂，在償債的當下，一定要是心甘情願的，如果心不甘情不願，不僅償不了債，甚至還可能繼續欠債。另外一種則是還願發願，奉獻利他。這也就是爲什麼有些

人面對苦難，不但沒有怨言，而將所有的人、事、物，都視爲修福修慧的資糧，因爲他們在過去生已經發了願，所以這一生積極行願、還願，還願之後再發願，奉獻利他。

佛法講慈悲和智慧，而慈悲和智慧，一定是感性與理性的融合。用慈悲與智慧來感化自己，才能用行動來感動他人。用感恩心接受順逆緣，用報恩心奉獻結善緣。每個人都是自己人生的主角，也是他人生命中的配角，人生雖然短暫，如夢如幻，還是要藉幻化無常的人、事、物來修福修慧；把一切衆生當成是生命共同體，進一步則用無我的態度，珍惜所有的人際關係及擁有的資源，用慈悲關懷人，智慧處理事，和樂同生活，尊敬相對待，這就是生命品質的昇華。

生命的起承轉合

人的生命，除了父母給予我們的色身生命，實則還有將此肉體生命作爲道器，成就修福修慧的智慧生命，也就是佛教講的「慧命」。過去我曾用「起承轉合」來比喻珍惜善用生命，也在這裡與大家分享。「起」是尊重生命，「承」是莊嚴生命，「轉」是淨化生命，「合」是圓滿生命，以延續無限的智慧生命。

十三年前，我第一次到貴院演講。那天中午正要出發時，我接到一通電話，告訴我俗家父親在醫院病危，當時我在電話裡講，當怎麼處理就怎麼處理。抵達貴院之前，我又接到電話，說我父親已捨報往生。我打了三通電話，一通給僧團，一通給助念團，另外一通給基隆地區菩薩，之後就把手機關機，到醫院演講。晚上回到臺北，又有一通電話打來，說法鼓山護法體系有位副會長往生了，要我前往處理。我說我會去處理，但現在我必須先到基隆長庚醫院，向我的父親表達感恩。午夜兩點，我再趕到臺大醫院爲副會長助念；第二天，再來臺中赴貴院的中港院區演講。很感恩有這樣的因緣，讓我學習如何在因緣的當下與菩薩們結善緣，也學習體會恩師一向對僧團的教導：把父母賦予我們的肉體生命發揮更大的功能，爲衆生奉獻，才是對身生父母最大的報恩。

現在講起來，我的情緒還是有一點波動，但我隨時都在觀照自己的起心動念，也希望我們已經結下的善緣，未來能夠走得更長更遠。

最後，我有十句話要與諸位共勉：「盡心盡力，隨緣努力。轉化壓力，成為助力。開發潛力，保持毅力。凝聚向心力，展現生命力。有願就有力，彼此共勉力。」

一共有「十力」，有心有願就有力！

（二〇一二年）

附錄——擁抱幸福的新思維

與談人：果東法師（法鼓山方丈和尚）
施振榮（宏碁集團創辦人、智融集團董事長）
林懷民（雲門舞集創辦人）

主持人：石怡潔（資深媒體人）

記錄整理：《人生》雜誌編輯室

活動名稱：心世紀倫理對談

主辦單位：行政院文化建設委員會、財團法人法鼓山人文社會基金會

舉辦地點：臺北國父紀念館大會堂

舉辦日期：二〇一一年九月十七日

前言

什麼是幸福？怎樣才能擁抱幸福？

企業家施振榮認為，人生的價值就在於創造自己與別人的幸福，藝術家林懷民覺得，幸福是唯心的，而且是可以儲蓄的；宗教師果東法師提醒，凡事正面認知、逆向思考，「現在」最幸福。開啟智慧的新思維，你也可以體驗幸福、當下幸福。

石怡潔（以下稱主）：人人都渴望幸福，也一直在尋找幸福，但我們往往追求物質上的滿足，以爲那就是幸福。請三位與談人爲「幸福」下個定義，首先請施振榮董事長分享。

用「心」定義幸福

施振榮（以下稱施）：從對談主題「擁抱幸福的新思維」，已經告訴我們答案了。幸福是要靠新的思維來獲得。因爲幸福是一種感覺，沒有絕對的標準，所以我們對「期望」要管理，也就是欲望的管理。雖然我們要有企圖心，但相對地，也要適可而止。人要成長、追求名利，也要考慮到客觀環境以及自己的能力，一味追求是不利於幸福的發展的。當我碰到挫折時，我會先檢討自己是否有足夠的能力與足夠的努力，如此一來我不會洩氣，也不會感覺到不幸福。

幸福是內外互相影響，例如我們說好話，別人聽到很快樂，看到別人好，自己就會幸福。要做一個幸福的人，最重要的就是「心念」，無論我們想什麼、說什麼、做什麼，裡外要如一，才能眞正得到幸福。我常聽到人們提到「社會亂象」，我覺得這也是一種感覺問題，我個人便不覺得亂，因爲我沒有被影響，還是生活在幸福的環境裡。

主：施董事長提到不要過度追求名利，但人還是難免會匱乏，會遇到困難，這時要如何感受幸福？請教林懷民老師。

林懷民（以下稱林）：我的朋友曾問我母親，我小時候哭不哭？我的母親說當然會哭，可是只要給了我「我要的東西」，我就不哭了，因爲得到了滿足。我們有想法，去滿足它就是幸福。可是每個人的想法都不太一樣，像剛完成「擁抱絲路」長跑的超級馬拉松選手林義傑，從土耳其伊斯坦堡一路跑到大陸西安，這中間有很多的磨難，但當他抵達西安，我想應該有那麼刹那的幸福感吧！

大家都覺得現在社會很亂，可是我覺得年輕一代好像還是幸福的一代，剛剛在國父紀念館的走廊，看到很多小朋友在熱舞，我看了就覺得很開心，心裡冒出：「幸福的一代！」可是我馬上想起魯迅的小說裡，提到文人乘船時看到田野中，在太陽下工作的農人，文人說好一幅快樂田園圖。這有一點「何不食肉糜」的味道。我覺得自己就是魯迅筆下的文人。我也想起蘋果電腦創辦人賈伯斯（Steve Jobs），他生了這麼重的病，仍然撐著身體在做事。我心想：「他這樣的煎熬是一種幸福嗎？」我想，他抓住每個當下，努力活著，一定有幸福感。

有句成語「野人獻曝」，意思是一個住在荒野中的人，曬了太陽覺得溫暖，認爲這是人生最幸福的事，居然跑到城裡要告訴國王，說曬太陽是一件多麼幸福的事。所以每個人對幸福的體驗與感覺是不一樣的，有時候是有條件的，要完成了一件事情才覺得滿意，可是野人的標準很低，他曬到太陽就很滿意了。我覺得幸福是非常主觀，非常唯心的，幸福不一定是仰賴銀行的數字，而是像剛剛施先生分享的「思維決定幸福感」。

正向解讀幸福

主：我們終於打下幸福的基礎了，請教方丈和尚是否也有這樣的想法——思維是幸福一個非常重要的關鍵？

果東法師（以下稱師）：思維就是一種價值觀，面對任何的人事物，不論好的或是不好的，如果能夠抱持正面解讀、逆向思考，而不用負面情緒去看待，就是一種好的思維。

通常一般的人認為，幸福就是平安、吉祥、順利、美好、和樂等等，這些都是屬於個人認知與感受。比如昨天我到羅東，經過一家電器商場時，聽到店家正在廣播說：「用了某某產品，生活就會非常幸福。」這好像是說，幸福是可以通過物質獲取來滿足的。其實在生活中，有的是需要，有的是想要；基本的、必需的是「需要」，而超過基本需求，那就變成「想要」了。想要而得不到時，也就很容易感到失落，覺得不幸福。這在心理上也是一樣，像是有的人認為自己已經很努力了，卻沒有得到預期的成果，老天眞是不公平！也有一些人學了佛以後，認為自己做了許多善事，怎麼天災地變還會發生在我身上？其實這個時候應該問問自己：這到底是需要，還是想要？

因此從我的立場來看，幸福，是要從調整自己的觀念與心態做起：凡事能夠正面解讀、逆向思考；凡事盡心盡力、隨緣努力，然後轉化壓力，成為助力。最好以發願來取代欲望，欲望是為自己，發願則是為衆人，所有的事情，都是在成就我們修福修慧的資糧。

還要少欲知足，知足的人經常是快樂的。有的人以為，少欲是消極生活，不抱希望，這是錯的。少欲是降低我們個人的欲望，而提起眞正奉獻利他的心；時常爲他人考量，就能體認你我彼此就是一個生命共同體。把觀念調整過來，我們隨時都是幸福的。

不忘儲蓄幸福

主：人生不如意事十之八九，二〇〇八年的春節，雲門舞集在八里的排練場發生大火，很多心血付之一炬，林老師還相信幸福就在身邊嗎？

林：我覺得幸福是可以儲蓄的，而不是只看到失去的。我們工作了十六年的八里排練場被火燒掉，表示緣分盡了，十六年所累積的東西已成爲過去了，必須重新開始。

佛法告訴我們「無常」，我們不知道明天是否會生病？不知道在街上會發生什麼事情？我們擁有的就是「現在」，所以我們每天必須面對新的狀況。排練場燒掉，當然會傷心、捨不得，但必須要去適應，重新來調適。我告訴舞者們，一個跳舞的人最幸福的是，不需要一架鋼琴，只要身體在，就可以跳了；只要有一個地方就可以跳舞，我們應該重新開始，我是這樣來看待這件事情。

失火雖是一件不好的事，但因爲這場火，我們才知道社會有這麼多人關心雲門，我在街上常遇到有人對我說：「加油！」有很多人在幫助雲門，其中包括聖嚴師父、施振榮先生，在座也有很多朋友幫助過我們，帶給我們很多的鼓勵跟火花。這些善意，肯定我們過去所做的事，這些善意背後，也有對雲門新的期待。所以當火場收拾乾淨了以後，我們必須面對這個新期待，過去的十六年完全沒有丟掉，而且還長利息，所以我說，幸福是可以儲蓄的。

排練場失火給我們很大的鼓勵與衝擊，使我們有勇氣做更大的夢想，那就是在淡水的雲門新家。我們將與政府簽下四十年的長約，如果我們做得好，還可以延長十年，所以我們可不可以這樣想，因爲一場火燒掉了舊的排練場，卻帶來可以瞻望未來五十年的幸福。

服務就是幸福

主：施董事長縱橫商場，個人電腦曾經拿下全世界第三大品牌，但當企業發生了虧損，您以負責任的態度辭掉董事長職務，是否覺得自己已這麼努力了，怎麼還失去幸福？

施：我從來沒有不幸福的感覺，雖然我三歲多的時候，父親就過世了，不過那時還不懂事，也不曉得什麼是幸福或不幸福，但我的母親給我滿滿的愛，教導我正確的價值觀。進入大學以後，我從一個比較內向的學生，變成社團的負責人，我把它稱為是服務同學。實際上，當一個領導，就是要服務他人，服務也是一種幸福，不是一件苦差事。

原本我從沒想過要創業，但因為有理想，有很多新的技術，認為帶動二次工業革命很重要，所以我們就找志同道合的人一起創業了。創業就根據這個理想，一直朝對的方向做，做不成就是經驗不足、能力不足，或者時機未到；檢討後再繼續努力，等待時機成熟。

對我而言，有機會走在前面碰到那麼多挫折，我好幸福！因爲我可以把這些經驗與大家分享，讓大家不要重蹈覆轍。在企業再造的過程裡，因爲自己的責任所在，就繼續努力，實質上，我有很大的壓力，但不會感覺到不幸，不會怨老天不公平，給我這樣的磨練。所謂「天將降大任於斯人也」，所以我感覺這是老天要讓我多做一點事情。我也沒時間後悔，因爲後悔於事無補。所以我的思維就是要創造自己的幸福，才不會讓自己不幸福。

主：從施董事長的口中說出來，挫折轉換成一種勇氣、一種力量，也是一種幸福。方丈和尚常常關懷信眾，會不會覺得承擔了別人很多負面的情緒，是否曾懷疑幸福離自己遠去？

師：關懷別人最重要的是傾聽，傾聽是一種關心與陪伴。在關懷的過程，同時也是讓我們學習培養慈悲與智慧：學習如何去體諒包容他人是慈悲，學習如何去面對處理問題是智慧。有的時候，我們自己能力有限，可以借重其他資源或轉介其他單位來協助。但是很重要的一點，看到別人陷入痛苦而自己所能有限時，絕對不要陷入對方的情緒、煩惱之中。要練習覺察，保持一份平靜安定的心，並且隨時生起善念來關心與祝福對方，比如佛教徒經常念「觀世音菩薩」、「阿彌陀佛」等聖號傳來表達一份祝福，讓對方感受到佛菩薩的加持。心安就有平安，平安就是幸福。

主：剛剛兩位與談人分享了他們在困境中，依舊能夠掌握幸福的方向，不知道方丈和尚有沒有懷疑過自己到底幸不幸福？

師：出家之前，應該曾經懷疑過；出家以後，一點一滴開始學習佛菩薩的慈悲與智慧，覺察自己的煩惱、習性，不斷在做調整。而調整之後，發現自己有些習性還是很重，那就是時時生起慚愧懺悔心，把因果、因緣觀念提起來。懺悔和懊悔不同，懺悔是反省檢討，懊悔則無濟於事，又耗費心力。

分享恩師法鼓山創辦人聖嚴師父的一個故事。師父小時候歷經過水患洪災，那種橫屍遍野的景象，師父形容是只有在小說、電影裡才出現的情節，但是在學佛以後，對於童年時的貧苦和災難，反而非常感恩，因爲有這些災難的磨練，讓他成熟得更早、成長得更快，也就是把所有的困境，都轉化成爲生命的營養劑，從此建立起信心與願心，要用佛法來幫助更多的人。師父經常說：

「沒有人做、正需要人做的事，我來吧！」我也學習師父開示的四它：「面對它、接受它、處理它、放下它」，來建立信心與願心。

我偶爾會聽到居士菩薩說：要做這件事很困難啊！不可能的！就是一般講的難行、難忍、難捨，或是難過，通常我會提醒他們，不妨試著轉念一下：不是難過，而要「難，過！」不是難行，而要「難，行！」不要抱怨，而要「抱願！」能夠正面解讀，逆向思考，那麼一切順逆境，都是在成就我們修福修慧的資糧。

主：施董事長在商場奮戰的過程，請教您難道沒有懷疑過自己做的決定是否往幸福的方向走？

施：如果實質上方向抓準了，爲什麼要懷疑對的方向呢？可是有時候難免產生挫折，可能是方法出錯，這時要去調整方法、要再造。但如果方向是對的，就勇往直前，即使有挫折只能說時機未到，如果是能力不足，就要檢討自己。

我認爲人生的價值就是要創造幸福，創造自己的幸福以及別人的幸福，如果個人能創造更多人的幸福，價值就會愈高。我們先從邏輯上來看，造成不幸福的問題在哪裡？一定有個瓶頸，瓶頸到底在哪裡？我的座右銘是：「挑戰困難，突破瓶頸，創造價值。」沒有困境，人生就沒有價值，有機會挑戰困難一定是因爲有困境；所以，沒有困境就沒有價值。

我在創業時就會考慮到不利於整個組織幸福的環境是什麼問題，比如：所有的規章制度綁手綁腳、師傅要留一手、中央集權讓想做事的人做不了決策、自己沒有成就感等等，把這些不利幸福的環境突破，就能擁有幸福。

還有，我是「要命不要面子」的人，我不在乎虛僞、虛假的面子，因爲要面子就會不幸福，命在才可以追求幸福。

利他才有幸福

主：利他是通往幸福方向的敲門磚，林懷民老師怎樣看待利他？

林：利他，事實上也是利己，因爲我們有這樣的需要，覺得要對別人有某種貢獻，所以對我來講，利他也包括了自己，完成對自己的要求。

我去印度時，發現印度今日與當年佛陀出家時的狀況，基本上是差不多的，仍然存在階級之分，還是有賤民，會看到有人躺在路邊快死掉了，卻沒有人理他，這種事情不斷發生，也因爲目睹了，我感覺到佛陀的偉大，他的偉大在於他的不忍。

以往我都覺得佛陀是神，讓我們跪下來求、許一個願。可是在印度，我感覺到佛陀的偉大，因爲佛陀面對自己的孤單與脆弱，知道自己沒有辦法救濟所有的人，所以在菩提樹下苦思人要怎麼安頓自己。當我們讀《金剛經》時，佛陀總是提到布施，他把自己的思維變成大家的思維，怎樣幫助別人，怎樣布施，讓大家得到幸福；同時也告訴人們人生都是虛幻、無常的。可是在當下，你要幫助別人。

人之所以有價値，是因爲我們可以體恤別人、幫助別人，這樣的行爲是一種正常的表現，是一種幸福，而不是一種施捨。

施先生是成功的企業家，肩負了很大的責任，對社會有很大的貢獻，創造了多少就業機會！方丈和尚關懷大眾，拯救了很多靈魂。但我們從事舞蹈的人能夠做什麼？我們讓更多人看到，同時讓沒有機會進國家劇院的觀衆看到，讓他的生活裡除了卡拉ＯＫ、電視、網路之外，有另外一個選擇。

人類的歷史從來沒有均富的狀態，共產主義已經證明失敗。但我始終在做一個夢，就是財富沒辦法均富，但透過努力，一個好的社會可不可以在精神生活上有均富的機會？如果沒有雲門，人們可能不知道有這樣的音樂，有這樣的表達方式，有這樣的思維。當人們回到也許只有十坪的房子，但是戴上耳機聽喜歡的音樂時，世界是無限大的。大家努力透過教育，透過很多的活動，有機會來達成精神生活上的富足。

我必須承認我們的力量非常脆弱，以雲門這樣的文化團體來講，我們沒有辦法抵擋整個消費文化宣傳跟建立的價值觀，但當我們不做這樣的事情時，連那一點點小小的平衡的可能都可能喪失。所以我不覺得這是利他，而是在實踐「一個神經病」的夢想——在物質上不能均富，可是在精神上有機會做選擇。

被罵也是幸福

主：請三位具體告訴我們，或舉一個故事、一件心目中覺得最印象深刻的幸福故事。

師：當下最幸福。人的一生，從出生那一刻起，每個當下都是幸福的。不過談起幸福，我也分享一個故事。

在我出家以前（西元一九九一年）幾年，曾因為工作上督導不周而自責，心裡起了煩惱，打算到寺院好好調心。我的因緣很好，有位善知識建議我到農禪寺打禪七，我因此就到農禪寺學佛打坐，也擔任義工。那個時期，農禪寺禪七很不容易錄取，主要是名額有限，通常第一次報名錄取的機率是很低的。但我還是報了名，後來也被錄取了。一九九二年一月，師父剛從美國回到臺灣，在開示的時候，特別強調菩提心的重要。師父說發菩提心，實際上就是利益他人，但很多的人往往礙於面子，而對於應該要做、值得去做的事，遲遲無法行動。而發了菩提心的人，他不會受到外在環境或他人影響，只要是有意義、應該做的事，便全力以赴；因緣成熟就去促成，因緣不成熟，則暫時放下。

師父這段開示，帶給我很大的啓發，讓我有信心學習擔任勸募會員。在那之前，常常有人鼓勵我擔任勸募會員，接引其他的人來護持法鼓山，可是那時我會鑽牛角尖，認爲別人會質疑我錢拿到哪裡去了？後來聽到師父講「菩提心」，以及開示募款的意義：募來的錢並不是師父要的，也不是僧團要的，而是爲了建設道場來淨化人心、淨化社會。就是這個關鍵點，讓我一點一滴慢慢成長。

而促使我發願進入法鼓山僧團，是因看到當時男衆法師人數很少，又想到師父提出的理念、精神、方針與方法那麼好，很需要有更多的人一起推廣，因此生起出家的念頭。出家以後，不斷在觀念與心態上做調整，同時自己對佛法充滿信心，雖然還是有習氣，還是有煩惱罣礙，但是透過不斷地練習調整，讓自己煩惱愈來愈少。

有人問我：「你現在還有煩惱嗎？」我說未成佛以前，一定有煩惱，有煩惱是正常的，重點是如何在最短的時間，學習把煩惱放下。所以現在我要分享：

「放下最幸福！」貪、瞋、癡、慢、疑，通常都是因自我中心而產生的，學習把貪、瞋、癡、慢、疑、邪見等自我中心的煩惱心放下，就是一種幸福。

記得在我剃度的前一星期，當時已擔任聖嚴師父的侍者，替師父開車。有一天，師父要到北投的中華佛教文化館開會，特別指示我應該如何的走法。但是我一聽覺得需繞一大圈，腦海想著如何行駛捷徑，所以我就按照自己想好的路線開車。結果快到文化館時，師父發覺我沒有依指示的路線，就問我怎麼回事，我想開口解釋，師父卻嚴厲喝聲：「不必再講！」我趕緊向師父懺悔，結果師父又說：「下次要聽清楚了！」

那次師父開會約兩個小時，那段時間，我站在文化館前階梯上不斷想著：「今天被師父罵了！」「今天被師父罵了！」雖然我也會從正面來解讀、逆向來思考：能被師父罵真不錯！以前師父曾講過，凡是能經得起他罵的弟子他才罵，經不起罵的他一定很客氣。所以現在被師父罵了，表示我還有點修行的樣子。就這樣，我一邊懺悔，一邊自我心理建設，內心澎湃不已。等到師父開完會以後，見到我的第一句話，卻是非常慈悲祥和：「果東啊，我們回去吧！」

前一刻我還在爲挨罵一事慚愧罣礙，而下一刻，馬上就被師父的慈悲柔和紓解，心裡馬上開朗起來。

因爲這次挨罵的經驗，使我感受到「被罵的幸福」；也讓我了解人生中有許多事，煩惱都是自找的。煩惱的生起，一種是對事不了解，一種是自己胡思亂想，放不下。所以這件事也讓我學會人際關係的溝通互動，要把事情原委說清楚請教，但不是興師問罪；不然就要學會放下，不要再鑽牛角尖。放下最幸福。

主：方丈和尚覺得懂得放下，現在最幸福。施董事長心中幸福的事是什麼？

施：我四十幾歲就決定六十歲要退休，這代表了很多意義，第一，建立「傳賢不傳子」的社會經營新模式，讓企業永續經營。利他這個「他」，對企業來說是很廣泛的，包括整個社會、股東、消費者等，所以爲了利他，爲了做到企業的永續發展，「傳賢不傳子」的機制變得非常重要。我六十歲要退休時，表明不傳給孩子，整個企業幹部充滿多少希望？有希望就有幸福。

第二，從另個角度來看，雖然我談利他，實質上還是利己，因爲我有責任感，壓力太大了，所以心血管不好，如果再繼續這樣下去，對身體健康不利，爲了利己學會了放下，就把全部放下。退休後，我到現在還做很多事，而且我不留一手，所以大家都學會了我的那一套，不只是公司內部，整個產業都會了，也不差我一個人。

我現在百分之八十的時間都從事公益，我覺得比以前更幸福，因爲一方面沒有壓力，身體更健康，做得更有成就感。未來二、三十年，我保證盡力而爲，雖不保證成功，但是因爲不留一手，在這個過程裡所留下的經驗，下一棒一定會把事情做得更好，那我對社會就盡了一些責任。

哪裡都有幸福

主：施董事長的幸福指數一直不斷在攀升，接下來請林老師與我們分享幸福的小故事。

林：我從來沒有在想「幸福」這兩個字眼，所以我想我是很幸福的。我覺得一個人能夠活著，已經是一個恩寵，能夠活著做自己高興做的事情，那就是幸福了。

關於幸福的故事，我曾遇見兩個幸福的人。我曾在敦煌待了七天，每天都在敦煌的洞窟裡，看到一位畫師，頭髮非常白，就著一盞小小的油燈，臨摹壁畫。這些人從五〇年代開始，從城裡頭到沙漠中的洞窟，守在那裡臨摹壁畫。他的手法、筆法，我想他如果到上海去開畫展，肯定會賺錢，可是他守在那個位置上，做著他相信做的事情。

我念念不忘的另一個人，是我有一年冬天在菩提迦耶遇到的。寺院晚上要關門時，有個人走出來並問我：「您是臺灣來的嗎？」我轉頭一看是位喇嘛。操著一口普通話的喇嘛。我請他喝茶，我們坐在戶外的茶座，我問他爲什麼一個漢人跑來當喇嘛。他說他一直想當喇嘛，所以從山東走了二年到拉薩，被寺院收留在廚房裡打雜。他因爲沒有單位，在外游離，沒有固定的工資。我問他在拉薩過得好不好，他回答過得挺好的。我又問爲什麼跑到印度來？他說想見達賴喇嘛，就從拉薩出走，走到尼泊爾邊境，被抓了回去，關了一年。放出來，他又往南走，第二次又被抓到。第三次釋放，繼續走，終於到了印度，也見到了達賴喇嘛。

我問他往後要做什麼，他說看到了就好了，現在想回拉薩。我追問爲什麼要回拉薩。他說：「哪裡都是一樣的！」換我愣住了。與他告別後，我忍不住回頭看他，就在冬天的樹下，很普通木板搭起來髒得不得了的茶桌，但見他把紅色的僧服一放，然後躺上去了把自己捲起來睡覺。他說哪裡都是一樣的。對他，的確是哪裡都是一樣的！我相信他是充滿幸福感的人，我始終記得這個人，我也始終拿他來提醒我自己。我從他身上學到很多的東西。

主：最後請三位為現場觀眾送上幸福的祝福。

師：聖嚴師父在十九年前提出「心靈環保」，明年（二〇一一年）就屆滿二十年了，讓我們以「心靈環保」，讓自己平安、健康、快樂、幸福，也要讓他人平安、健康、快樂、幸福。最後與大家共勉：「活在當下，珍惜擁有，奉獻利他。」

施：我覺得幸福的第一步就是自我欲望的管理。對一切要正面思維，往前看，過去是給我們一些經驗、體會，了解以後該怎麼辦，並在這過程裡不斷地學習，感覺自己一天比一天有智慧。幸福要靠自己，只有不斷地感恩，讓整個社會一起幸福，自己才會眞正的幸福。

林：我想幸福是一個非常唯心的感覺，幸福來自於我們對人生和世界的看法，這個看法是要透過一個學習的過程，我們學會了克制，有自己的生活規範，我想這些都是構成幸福必須要有的努力，幸福是必須經營的。在人生裡不斷地思維是非常重要的事，期待在架構自己幸福的條件裡，也包含別人的幸福。

主：感謝三位為大家分享開啟幸福的密碼，希望新思維能夠讓在座所有的朋友，開始邁向幸福的方向，開始儲存幸福。

生命有路

001	發現治癌大藥	趙中月・田原｜著	定價350元
002	子宮好，女人才好	田原｜著	定價320元
003	破解男題：男性與家庭的健康權威讀本	王琦、田原｜著	定價330元
004	人體臉書：降低80%發病機會的身體觀測要領	田原｜著	定價330元

乘著聲音的翅膀

001	孤獨六講有聲書	蔣勳｜著	定價750元

解生命的題

001	靈魂的自由	伊能靜｜著	定價280元
002	這時候，博盃就對了！	丁家福 等｜著	定價300元

健康養生策略

001	拒絕感流行——新舊流感都不怕的防疫養生書	盛竹玲｜著	定價168元

看事物的愉悅

001	器・手作	ZAMAMA金屬物件工作室｜著	定價260元
002	成語迷宮	黃慶桓｜著	定價200元
003	蛇女蕾米雅	濟慈｜著・葉欣｜譯	定價220元
004	唱片收藏面面觀：一個樂迷到收藏家的歷程	郭思蔚｜著	定價420元

定價如有調整，依書後版權頁所列為準

有鹿文化出版品選買與採購

- **實體書店**——歡迎至誠品、金石堂、紀伊國屋、何嘉仁、敦煌、法雅客、墊腳石等連鎖書店或地區型各大小書店選購。
- **網路書店**——歡迎至博客來、金石堂、誠品或其他網路書店訂購。
- **官網**——提供出版書籍、活動訊息、相關報導，以及影音剪輯等最即時、完整的出版資訊。www.uniqueroute.com
- 如遇到有鹿文化書籍任何相關問題，歡迎來電或向紅螞蟻圖書有限公司洽詢。

有鹿文化讀者服務專線｜02-2772-7788
紅螞蟻圖書服務專線｜02-2795-3656

有鹿文化全書系，照顧您的身心靈

看世界的方法

001 美的曙光	蔣勳｜著	定價350元
002 用美拚經濟	有鹿文化｜編撰	定價99元
003 蒙娜麗莎微笑的嘴角	林文月｜著	定價280元
004 愛吃鬼的華麗冒險	李昂｜著	定價320元
005 身體褶學	張小虹｜著	定價280元
006 人生的旅行存摺	邱一新｜著	定價350元
007 飛魚・百合	廖鴻基｜著	定價280元
008 最絢麗的黃昏過後	林 雅行｜著	定價300元
009 一閃一閃亮晶晶	林正盛 等｜著	定價350元
010 般若心經的生活觀	星雲大師｜主講	定價270元
011 創作的型錄	許悔之｜著	定價280元
012 青山青史——連雅堂傳	林文月｜著	定價280元
013 資本主義有怪獸	張小虹｜著	定價280元
014 成就的祕訣：金剛經	星雲大師｜著	定價280元
015 笨蛋！問題在領導	南方朔｜著	定價280元
016 孤寂星球，熱鬧人間	呂政達｜著	定價280元
017 溼地 石化 島嶼想像	吳晟・吳明益｜主編	定價350元
018 愛情，考古學	薇薇夫人｜著	定價250元
019 各就各位	羅位育｜著	定價250元
020 如果漏讀人性，成功總是差一步	王溢嘉｜著	定價280元
021 如果沒有女人，男人何必穿褲子	王溢嘉｜著	定價280元
022 人海慈航：怎樣知道有觀世音菩薩	星雲大師｜著	定價350元
023 漏網新魚：一波波航向海的寧靜	廖鴻基｜著	定價320元
024 因爲有好心——一位平民律師的幸福密碼	李伸一｜著	定價320元
025 快樂，自信，做妖精——我從肚皮舞改變的人生	廖之韻｜著	定價270元
026 此生——肉身覺醒	蔣勳｜著	定價380元
027 別白忙了，兌現創意才是王道！	王溢嘉｜著	定價320元
028 小地方：一個人流浪，不必到遠方	賴鈺婷｜著	定價280元
029 種地書	蔡珠兒｜著	定價320元
030 活用禪：豁然開朗的人生整理術	王溢嘉｜著	定價280元
031 花轎、牛車、偉士牌：台灣愛情四百年	石芳瑜｜著	定價280元
032 孩子，請爲我活下去	劉采涵｜著	定價280元
033 新編美的曙光	蔣勳｜著	定價380元
034 此時眾生	蔣勳｜著	定價320元
035 莊子陪你走紅塵	王溢嘉｜著	定價280元
036 抱願，不抱怨	釋果東｜著	定價280元
037 活出增值人生：20位名人通往幸福的大道	阿基師等｜著	定價280元

看世界的方法 036

抱願，不抱怨

作者　釋果東
編輯小組　釋果賢、許悔之、陳重光、胡麗桂、孫正賓、林煜幃、李曙辛
特約編輯　王宛茹
校對　吳觀楓
整體美術設計　洪于凱
攝影提供　林煜幃：封面、23, 51, 132, 138, 182, 220, 221；其餘圖片皆由法鼓文化提供

董事長　林明燕
副董事長　林良珀
藝術總監　黃寶萍
執行顧問　謝恩仁

社長　許悔之
總編輯　林煜幃
副總編輯　施彥如
主編　魏于婷
美術主編　吳佳璘
行政助理　陳芃妤

策略顧問　黃惠美・郭旭原・郭思敏・郭孟君
顧問　施昇輝・林志隆・張佳雯・謝恩仁
法律顧問　國際通商法律事務所／邵瓊慧律師

出版　有鹿文化事業有限公司
地址　台北市大安區信義路三段106號10樓之4
電話　02-2700-8388
傳真　02-2700-8178
網址　www.uniqueroute.com
電子信箱　service@uniqueroute.com

總經銷　紅螞蟻圖書有限公司
地址　台北市內湖區舊宗路二段121巷19號
電話　02-2795-3656
傳真　02-2795-4100
網址　www.e-redant.com

國家圖書館出版品預行編目(CIP)資料

抱願，不抱怨 / 釋果東著.
—初版.— 臺北市：有鹿文化, 2012.10
面；公分.—(看世界的方法；36)
ISBN 978-986-6281-40-2(平裝)
1.佛教修持
225.7　101015789

ISBN：978-986-6281-40-2
初版一刷：2012年10月
初版第十一次印行：2023年12月30日
定價：280元